한국어 학습 총서 07

Korean Grammar Practice for Foreigners

English Version

Beginning Level

초급

외국인을 위한

한국어 문법 연습

연세대학교 한국어학당 편

연세대학교 출판문화원

Preface

53 years have passed since the Yonsei Korean Language Institute was established. During the last 53 years, the Yonsei Korean Language Institute has published many textbooks such as conversational textbooks, textbooks for different language functions, textbooks for practicing and application. However, as the number of learners of Korean language has increased, their needs became diversified which leads to the need for differentiated and strategic textbooks focusing on Korean vocabulary and grammar. To meet the needs, the Yonsei Korean Language Institute came to publish <Korean Grammar Practice for Foreigners> and <Korean Vocabulary Practice for Foreigners>.

<Korean Grammar Practice for Foreigners> is composed of three levels(beginner's, intermediate and advanced), and is designed to promote the proficiency of Korean language learners by improving learner's grammatical capacity. <Korean Grammar Practice for Foreigners> is structured to prepare for various types of current Korean proficiency exams, thus the grammatical items selected in this book are covered by Korean textbooks and Korean proficiency exams. The selected grammatical items are distributed into three levels, and the textbook explains the definitions and its function for each grammatical item and presents examples. Various types of questions contained in this textbook also allow the learners to apply the grammatical items learned in real life.

<Korean Grammar Practice for Foreigners> may be utilized as a supplementary textbook for studying grammar in Korean language institutes, and as a self-study kit. We hope that this textbook may contribute to the learners of Korean to effectively study grammar and improve in Korean proficiency.

Textbook Compilation Committee, Korean Language Institute,
The Institute of Language Research & Education, Yonsei University

머리말

연세대학교 한국어학당이 창립된 지 올해로 53주년이 되었습니다. 지난 53년 동안 연세대학교 한국어학당은 회화 교재, 언어기능별 교재, 활용연습용 교재 등 많은 교재를 집필, 출간해 왔습니다. 그러나 최근 한국어를 배우는 학습자들이 늘면서 그들의 요구도 다양해졌으며, 한국어 어휘와 문법에 초점을 둔 차별화되고 전략화된 학습용 교재가 필요하게 되었습니다. 이러한 요구에 힘입어 한국어학당에서는 〈외국인을 위한 한국어 어휘 연습〉과 〈외국인을 위한 한국어 문법 연습〉 교재를 출간하게 되었습니다.

〈외국인을 위한 한국어 문법 연습〉 교재는 초급과 중급, 고급의 3권으로 구성되었으며, 한국어를 공부하는 학습자들의 문법 능력을 향상시켜 한국어 숙달도를 높일 수 있도록 고안되었습니다. 특히 〈외국인을 위한 한국어 문법 연습〉은 현재 시행되고 있는 다양한 한국어능력 평가 시험에 대비하도록 구성되어, 한국어 교재와 한국어능력 평가 시험에서 다루어지고 있는 문법 항목을 등급에 맞게 선정하여 각 문법 항목의 의미와 기능을 설명하고 예문을 제시하였습니다. 또한 다양한 문제를 통해 학습한 문법을 활용할 수 있도록 구성되었습니다.

〈외국인을 위한 한국어 문법 연습〉은 한국어교육기관에서 문법 학습을 위한 부교재로 활용할 수 있으며 혼자서 공부하는 학습자는 자습용으로 활용할 수 있습니다. 본 교재가 한국어 학습자들이 효율적으로 문법을 학습하여 한국어능력을 향상할 수 있도록 하는 데 기여할 수 있기를 바랍니다.

연세대학교 언어연구교육원 한국어학당 교재편찬위원회

Introductory Remarks

1. 「Korean Grammar Practice for Foreigners」 (Beginner's Level) was developed for Korean as Foreign Language Learners to comprehend the Korean grammar structure and learn accurate usage to help learners construct correct sentences in Korean.
2. This study-aid carries grammatical items, which Korean learners should know at the beginning level.
3. This study-aid not only covers various types of questions to promote the grammar capacity of Korean learners in beginning level, but also questions similar to the Test of Proficiency in Korean(TOPIK) questions to prepare for the TOPIK.
4. This study-aid separated the sections into 'Grammar' and 'Practice Questions'. The 'Grammar' section includes explanations on the usage of grammatical items, forms of utilization, examples and questions to answer based on the learner's understanding. The 'Practice Questions' include various and comprehensive practice questions regarding the grammatical items listed in the 'Grammar' section.
5. This study-aid carries about 137 beginner's level grammatical items.
6. The selection of the beginner's level grammatical items is based on the grammatical items listed in various beginning level Korean textbooks, and the grammatical items covered by the TOPIK (beginner's level) were also included.
7. The <Usage> section within the 'Grammar' carries brief explanations on the usage of the grammatical items for the learners to understand easily.
8. In the <Forms of Utilization>, as many as examples, which show various forms of utilization, are included to allow the learners to use it correctly.
9. The <Example> section lists various sample sentences that are used mostly in daily life, which allows learners to understand the usage of the grammatical items easily and to confirm various forms of utilization.
10. For learners to use the grammatical items correctly, the 'Note' section carries information on various cases and explanations such as when the item can be used by comparing or contrasting, used as different usage and when there is an exception to the usage of a grammatical item.
11. The <Practice> section is composed of conversation completion, sentence completion, and connecting two sentences etc, for the learners to understend well.
12. The 'Practice Questions' is composed of various types of questions, which allows learners to comprehend and make use of the grammatical items learned in the 'Grammar' section.
13. The <Answer Key> provides answers to the exercises in the <Practice> and the 'Practice Questions' to help learners to study alone.
14. In the <Grammar Index>, entry words, forms of utilization and forms listed in the 'Note' were included according to the grammatical items covered in the 'Grammar' section to help learners to find entries easily. They are sorted in alphabetical(가나다) order, and listed with page numbers.
15. 「Korean Grammar Practice for Foreigners」 (Beginner's level) includes translation for learners to understand easily.

일러두기

1. 『외국인을 위한 한국어 문법 연습』(초급)은 외국어로서의 한국어를 배우는 외국인 학습자들이 한국어의 문법 구조를 이해하고 정확한 용법을 파악하여 올바른 한국어 문장을 만들 수 있도록 하는 데 도움을 주고자 하였다.

2. 이 책은 외국인 학습자들을 위한 문법서로 학습자가 초급 단계에서 알아야 할 문법을 실었다.

3. 이 책은 고급 한국어 학습자의 문법 능력을 향상시킬 수 있는 다양한 유형의 문제를 다루었으며, 한국어능력시험(TOPIK)에 대비하도록 한국어능력시험의 문제 유형도 함께 다루었다.

4. 이 책은 '문법 알아보기'와 '연습문제'로 나눠 실었다. '문법 알아보기'에서는 문법 항목에 대한 상세한 용법 설명과 활용 형태, 예문을 제시하고 이에 대한 이해를 바탕으로 문제를 풀 수 있도록 〈연습〉을 실었으며, '연습문제'에서는 '문법 알아보기'에서 제시한 문법 항목에 대한 다양하고 종합적인 연습문제를 실었다.

5. 이 책에는 137개의 초급 문법을 실었다.

6. 초급 문법의 선정은 다양한 한국어 교재(초급)에 나오는 문법을 기본으로 하였으며 한국어능력시험(초급)에서 다루고 있는 문법 항목을 첨가하였다.

7. '문법 알아보기'에서 다룬 〈용법〉에서는 문법의 용법에 대한 상세한 설명을 쉽게 이해할 수 있도록 하였으며 유사한 문법의 형태도 함께 제시하였다.

8. 〈활용 형태〉에서는 문법에 따라 다양한 형태로 활용되는 예를 최대한 보여 주어 정확하게 사용할 수 있도록 하였다.

9. 〈예문〉에서는 용법을 잘 이해할 수 있는 예문과 다양한 활용 형태를 확인할 수 있는 예문 등을 중심으로 제시하였다.

10. 문법에 따라 〈참고〉를 두었는데 〈참고〉에서는 유사한 문법이 있는 경우 비교, 대조하여 사용할 수 있으며, 다른 용법으로 사용이 되는 경우, 예외가 있는 경우 등 다양한 경우에 맞게 보충 설명과 그에 맞는 예문을 실어 정확하게 사용할 수 있도록 하였다.

11. 〈연습〉은 해당 문법을 가장 잘 이해하고 사용할 수 있도록 대화 완성하기, 문장 완성하기, 두 문장 연결하기 등으로 구성하였다.

12. '연습문제'는 '문법 알아보기'에서 학습한 문법의 의미와 구조를 맥락과 상황으로 이루어진 다양한 문제 유형을 통해 이해 · 확인할 수 있도록 구성하였다.

13. 〈모범 답안〉에서는 '문법 알아보기'에 있는 〈연습〉의 모범 답안과 '연습문제'의 모범 답안을 알기 쉽게 제시하여 학습자가 혼자 공부하는 데 도움이 되도록 하였다.

14. 〈문법 색인〉에서는 '문법 알아보기'에서 다룬 문법에 따라 표제어 및 활용 형태, 참고에 제시된 형태를 모두 실어 학습자들이 쉽게 찾을 수 있도록 하였으며, 모두 '가나다' 순으로 정리하여 그 문법이 실려 있는 쪽수와 함께 제시하였다.

15. 『외국인을 위한 한국어 문법 연습』(초급)은 외국인 학습자의 이해를 돕기 위해 번역을 함께 실었다.

차례

contents

Ⅱ. 연습문제

부록

I

문법 알아보기

문법 알아보기

ㄱ

001 | -거나

용법 Usage 앞의 것이나 뒤의 것 중에서 하나를 선택할 때 쓴다.
It is used when choosing what is before or after -거나.

활용 형태 Forms of Utilization

-거나 동사나 형용사 어간 뒤에 사용한다.
It is used behind the verb or adjectival stem.

예 듣**거나**, 비싸**거나**

예문 Example

❶ 시간이 있으면 소설책을 읽거나 친구와 같이 영화를 봐요.
When I have time, I either read a novel or watch a movie with a friend.

❷ 가족이 보고 싶으면 사진을 보거나 전화를 걸어요.
When I miss my family, I either look at photographs or make a phone call.

❸ 몸이 아프거나 외로울 때 부모님 생각이 많이 납니다.
I think about my parents a lot, when I am either sick or lonely.

연습 Practice 같은 의미가 되도록 문장을 바꾸십시오.
Change the sentence so that it will have the same meaning.

1. 아침에 밥을 먹을 때도 있고 빵을 먹을 때도 있습니다.

   ➡ 아침에 밥을 ______________________ 빵을 먹습니다.

2. 돈이 없을 때나 아주 피곤할 때는 밖에 나가지 않습니다.

   ➡ 돈이 ______________________ 아주 피곤할 때는 밖에 나가지 않습니다.

연습 Practice 대화를 완성하십시오.
Complete the conversation.

1. 가 : 스트레스가 쌓이면 어떻게 해요?

   나 : ______________________거나 ______________________.

2. 가 : 주말에 보통 뭘 하세요?

   나 : ______________________거나 ______________________.

002 | −게

용법 Usage

뒤에 나오는 동작이나 상태의 방식, 정도 등을 나타낸다.
It can show how the action or state of what comes after −게 is, or the degree of it as well.

활용 형태 Forms of Utilization

−게 형용사 어간 뒤에 사용한다.
It is used after the adjectival stem.

예 길**게**, 예쁘**게**

예문 Example

❶ 머리를 짧게 잘라 주세요.
Please cut my hair short.

❷ 예쁜 옷을 싸게 사서 기분이 좋았다.
I felt happy because I bought a pretty outfit for a cheap price.

❸ 어제 저녁에 갈비를 맛있게 먹었어요.
Last night, I deliciously ate Kalbi.

연습 Practice 문장을 완성하십시오.
Complete the sentence.

1. 오래간만에 동창들을 만나서 ____________________게 놀았어요. (재미있다)

2. 네? 잘 안 들려요. 좀 ____________________게 말씀해 주세요. (크다)

연습 Practice 대화를 완성하십시오.
Complete the conversation.

1. 가 : 학교에 일찍 왔어요?

   나 : 아니요, ____________________게 ____________________.

2. 가 : 주말을 어떻게 보냈어요?

   나 : ____________________게 ____________________.

꼭~ 알아두기

003 | -게 되다

용법 Usage

주어의 의지나 바람과는 달리 외부적인 조건에 의해 어떤 상황에 이르게 됐을 때 쓴다.
It is used when subject has reached certain situation by external factors and not subject's will or desire.

활용 형태 Forms of Utilization

-게 되다 동사 어간 뒤에 사용한다.
It is used after the verb stem.

예 살**게 되다**, 오**게 되다**

예문 Example

❶ 장사가 너무 안 돼서 가게 문을 닫게 됐습니다.
Store had to close down because business didn't go well.

❷ 급한 일이 생겨서 약속을 지키지 못하게 됐어요.
I could not keep the promise due to urgent business.

❸ 저는 동아리에 들어가서 여자 친구를 알게 됐습니다.
I met my girlfriend through student club.

연습 Practice 문장을 완성하십시오.
Complete the sentence.

1. 언어교환을 해서 한국말을 잘 ________________ 게 됐습니다.
2. 한국 사람과 결혼해서 한국에서 ________________ 게 됐습니다.

연습 Practice 대화를 완성하십시오.
Complete the conversation.

1. 가 : 어느 나라로 출장을 가게 됐습니까?

   나 : ________________________________

ㄱ

2. 가 : 왜 이사를 하게 됐습니까?

나 : ______________________________.

004 | –겠–[1]

용법 Usage

말하는 사람이 무엇을 한다거나 할 것이라는 의도나 의지를 나타낸다. 아직 하지 않은 일에 대해 자신의 의지를 밝히는 의미이므로 일반적으로 미래의 의미를 갖는 표현과 함께 나타난다.

It is used to express the speaker's will or intention to do something. It means to show one's will about something that has not been done, thus it is generally used with expressions with meaning of future.

활용 형태 Forms of Utilization

–겠–	동사 어간 뒤에 사용한다. It is used after the verb stem. 예 먹**겠**–, 숙제하**겠**–

예문 Example

❶ 내일 일찍 오겠습니다.
I will come early tomorrow.

❷ 약속을 꼭 지키겠습니다.
I will keep my promise.

❸ 제가 한 시간 후에 전화를 걸겠습니다.
I will call you in an hour.

연습 Practice 문장을 완성하십시오.
Complete the sentence.

1. 앞으로 열심히 ______________________ 겠습니다. (공부하다)
2. 오늘부터 담배를 ______________________ 겠습니다. (끊다)

연습 Practice 대화를 완성하십시오.
Complete the conversation.

1. 가 : 무슨 음식을 드시겠습니까?

   나 : ______________________.

2. 가 : 다음 주말에 무엇을 하겠습니까?

   나 : ______________________.

005 | –겠–[2]

용법 Usage

말하는 사람의 추측을 나타낼 때 쓴다.
It is used to express speaker's supposition.

활용 형태 Forms of Utilization

–겠–

동사나 형용사 어간 뒤에 사용한다.
It is used after the verb or adjectival stem.

예 열**겠**–, 되**겠**–, 많**겠**–, 흐리**겠**–

–었겠–/았겠–/였겠–

과거나 완료를 나타낼 때 동사나 형용사 어간 뒤에 사용한다.
It is used after the verb or adjectival stem to express past or perfect tense.

예 먹**었겠**–, 끝**났겠**–, 도착**했겠**–, 힘들**었겠**–, 바**빴겠**–, 심심**했겠**–

예문 Example

❶ 하늘을 보니까 내일 아침부터 비가 오겠어요.
Looking at the sky, it seems it will rain from tomorrow morning.

❷ 날마다 늦게까지 일하시니까 피곤하시겠습니다.
You must be tired because you work until late everyday.

❸ 웨이 씨가 어제 선물을 많이 받아서 기분이 좋았겠어요.
Wei must have been happy because he received presents a lot yesterday.

연습 Practice 문장을 완성하십시오.
Complete the sentence.

1. 미국에서 10년 동안 살았으니까 ____________겠어요. (영어를 잘 하다)

2. 이 음식은 요리사가 만든 음식이니까 ____________겠습니다. (맛있다)

연습 Practice 대화를 완성하십시오.
Complete the conversation.

1. 가 : 집에서 학교까지 두 시간쯤 걸려요.

   나 : ______________________________겠어요.

2. 가 : 어제 친구들과 같이 놀이공원에 갔어요.

   나 : ______________________________겠군요.

006 | -고

용법 Usage 두 가지 이상의 동작이나 상태, 사실을 나열할 때 쓴다.
It is used to list actions, state or facts that is more than one.

활용 형태 Forms of Utilization

-고 동사나 형용사 어간 뒤에 사용한다.
It is used after the verb or adjectival stem.
예 듣**고**, 보**고**, 덥**고**, 예쁘**고**

이고 명사 뒤에 사용한다.
It is used after the noun.
예 경찰**이고**, 의자**이고**

예문 Example

❶ 친구와 저녁도 먹고 술도 마십니다.
I have dinner and drink with friends.

❷ 남대문 시장의 물건은 싸고 좋습니다.
Goods in Namdaemun Market are cheap and good.

❸ 저는 한국 사람이고 마이클 씨는 미국 사람이에요.
I am Korean and Michael is American.

참고 Note

두 가지 이상의 동작을 시간의 순서에 따라 연결할 때도 쓴다.
It is used to connect the actions of more than one in timely manner.

- 저는 밥을 먹고 이를 닦습니다.
- 친구를 만나고 집에 돌아왔습니다.

연습 Practice 한 문장으로 만드십시오.
Combine two sentences into one.

1. 주스가 맛있습니다. 그리고 시원합니다.

➡ ______________________________.

2. 선생님과 이야기도 합니다. 그리고 커피도 마십니다.

➡ ______________________________.

연습 Practice 표를 보고 문장을 완성하십시오.
Complete the sentence by referring to the table below.

8:30 – 9:00	아침 식사
9:00 – 12:00	영어 공부
12:30 – 1:30	점심 식사
2:00 – 4:00	아르바이트

보기

미선 씨는 아침을 먹고 영어를 공부합니다.

1. ______________________________고 점심을 먹습니다.

2. ______________________________.

007 | -고 싶다

용법 Usage

원하거나 바라는 내용을 나타낼 때 쓴다.
It is used to express one's desire.

활용 형태 Forms of Utilization

-고 싶다 동사 어간 뒤에 사용한다.
It is used after the verb stem.

예 먹**고 싶다**, 타**고 싶다**

예문 Example

❶ 저는 소설책을 읽고 싶어요.
I want to read a novel.

❷ 좋은 자동차를 사고 싶어요.
I want to buy a nice car.

❸ 주말에 무슨 영화를 보고 싶어요?
What kind of movie do you like to see over the weekend?

참고 Note

주어가 3인칭인 경우에는 '-고 싶어하다'를 사용한다.
'-고 싶어하다' is used in the case where the subject is third person.

- 친구는 돈을 모아서 해외여행을 하고 싶어해요.
- 미선 씨, 마이클 씨는 무엇을 배우고 싶어해요?

연습 Practice

맞는 것을 고르십시오.
Choose the right one.

1. 저는 피곤해서 좀 쉬고 (싶어요, 싶어해요).

2. 제 친구는 대학교를 졸업한 후에 무역회사에서 일하고 (싶어요, 싶어해요).

연습 Practice

대화를 완성하십시오.
Complete the conversation.

1. 가 : 커피를 마시고 싶습니까?

   나 : 네, ______________________________.

2. 가: 방학에 무엇을 하고 싶어요?

   나 : ______________________________.

008 | -고 있다

용법 Usage

어떤 동작이 진행 중이거나 계속됨을 나타낼 때 쓴다.
It is used to express progress or continuance of an action.

활용 형태 Forms of Utilization

-고 있다 동사 어간 뒤에 사용한다.
It is used after the verb stem.
예 읽**고 있다**, 일하**고 있다**

예문 Example

❶ 저는 지금 음악을 듣고 있어요.
I am listening to music now.

❷ 여기는 지금 비가 많이 오고 있는데 거기는 어때요?
It is raining here, how's there?

❸ 동생은 텔레비전을 보고 있고 나는 숙제를 하고 있다.
My brother is watching television and I am doing homework.

연습 Practice 문장을 완성하십시오.
Complete the sentence.

1. 아기가 지금 ________고 있으니까 조용히 해 주세요. (자다)
2. 지금은 수업 시간입니다. 우리는 모두 열심히 ________고 있어요. (공부하다)

연습 Practice 대화를 완성하십시오.
Complete the conversation.

1. 가 : 지금 뭘 하고 있어?

   나 : ____.

ㄱ

2. 가 : 아버지, 지금 뭘 하고 계세요?

나 : ______________________________.

009 | 과

용법 Usage 여러 사물이나 사람을 열거할 때 쓴다.
It is used to list few objects or persons.

활용 형태 Forms of Utilization

과	자음으로 끝나는 명사 뒤에 사용한다. It is used after the noun that ends in consonants. 예 공책**과**
와	모음으로 끝나는 명사 뒤에 사용한다. It is used after the noun that ends in vowels. 예 아이**와**

예문 Example

❶ 백화점에 가서 예쁜 옷과 가방을 샀다.
I went to the department store and bought pretty clothes and a bag.

❷ 교실에 샤오밍 씨와 웨이 씨가 있습니다.
There are Xiaoming and Wei in the classroom.

❸ 저는 요즘 한국말과 태권도를 배웁니다.
I learn Korean and Tae-Kwon-Do thesedays.

참고 Note

'과'는 어떤 동작을 함께 하는 대상임을 나타내기도 한다. 이때 '과' 다음에 '같이'나 '함께'를 쓸 수 있다.
'과' can be used to mention the person who does an action together, and '같이' or '함께' can be used next to '과'.

- 방학 때 가족과 여행을 갔어요.
- 웨이 씨는 반 친구와 같이 놀이공원에 갈 거예요.

연습 Practice (　　)을 채우십시오.
Fill in the blanks.

1. 냉장고 안에 고기(　　) 물(　　) 주스가 있습니다.
2. 저는 어제 여자 친구(　　) 같이 저녁을 먹고 연극을 봤어요.

연습 Practice 표를 보고 대화를 완성하십시오.
Complete the conversation by referring to the table below.

사람	음식	운동
미선	순두부찌개, 잡채	탁구, 스키
마이클	스테이크, 김밥	수영, 농구

1. 가 : 미선 씨는 무슨 음식을 좋아합니까?

   나 : ______________________________.

2. 가 : 마이클 씨는 무슨 운동을 좋아합니까?

   나 : ______________________________.

010 | -기는 하지만

용법 Usage 앞의 내용을 부정하지는 않지만 뒤에 다른 의견을 나타낼 때 쓴다.
It is used to express another opinion in the succeeding clause and not denying the content in the preceding clause.

활용 형태 Forms of Utilization

-기는 하지만 동사나 형용사 어간 뒤에 사용한다.
It is used after the verb or adjectival stem.

예 듣**기는 하지만**, 보**기는 하지만**, 춥**기는 하지만**, 싸**기는 하지만**

이기는 하지만 명사 뒤에 사용한다.
It is used after the noun.

예 학생**이기는 하지만**, 외국어**이기는 하지만**

-기는 했지만 과거나 완료를 나타낼 때 동사나 형용사 어간 뒤에 사용한다.
It is used after the verb or adjectival stem to express past or perfect tense.

예 찾**기는 했지만**, 가**기는 했지만**, 어렵**기는 했지만**, 비싸**기는 했지만**

예문 Example

❶ 돼지고기를 먹기는 하지만 좋아하지 않아요.
I eat pork but I don't like it.

❷ 그 영화가 재미있기는 하지만 너무 길어요.
The movie is fun but it's too long.

❸ 같은 반 친구이기는 하지만 별로 친하지 않아요.
He is my classmate but I am not that close to him.

❹ 발표를 하기는 했지만 잘 하지 못했어요.
I made a presentation but I didn't do a good job.

ㄱ

참고 Note

'-기는 하지만'과 '-기는 했지만'은 동사나 형용사를 반복해서 사용하여 '-기는 -지만'과 '-기는 -었지만'의 형태로 쓸 수 있다.

'-기는 하지만' and '-기는 했지만' can be used in '-기는 -지만' and '-기는 -었지만' form by using verb or adjective repetitively.

- 이 김치가 맵기는 맵지만 맛있어요.
- 그 책을 읽기는 읽었지만 내용을 잊어버렸어요.

연습 Practice 관계있는 것을 연결해서 문장을 완성하십시오.
Connect the related items to make a sentence.

한국말이 어렵습니다. •	• 재미있습니다.
여행을 좋아합니다. •	• 튼튼하지 않아요.
이 가방이 예쁩니다. •	• 자주 못 가요.

보기

한국말이 어렵기는 하지만 재미있습니다.

1. ______________ 기는 하지만 ______________.
2. ______________ 기는 하지만 ______________.

연습 Practice 대화를 완성하십시오.
Complete the conversation.

1. 가 : 건물에 주차장이 있지요?

   나 : 네, ______________ 기는 하지만 ______________.

2. 가 : 태권도를 배웠어요?

   나 : 네, ______________ 기는 했지만 ______________.

011 | −기 때문에

용법 Usage 어떤 일의 원인이나 이유를 나타낼 때 쓴다.
It is used to express the cause or reason.

활용 형태 Forms of Utilization

−기 때문에 동사나 형용사 어간 뒤에 사용한다.
It is used after the verb or adjectival stem.

예 믿**기 때문에**, 쓰**기 때문에**, 맵**기 때문에**, 아프**기 때문에**

이기 때문에 명사 뒤에 사용한다.
It is used after the noun.

예 학생**이기 때문에**, 관광지**이기 때문에**

−었기/았기/였기 때문에
과거나 완료를 나타낼 때 동사나 형용사 어간 뒤에 사용한다.
It is used after the verb or adjectival stem to express past or perfect tense.

예 먹**었기 때문에**, **샀기 때문에**, 도착**했기 때문에**,
힘들**었기 때문에**, 바**빴기 때문에**, 따뜻**했기 때문에**

예문 Example

❶ 웨이 씨는 착하고 재미있기 때문에 친구들에게 인기가 많아요.
Wei is popular to his friends because he's nice and fun.

❷ 제 친구는 외국인이기 때문에 한국말을 잘 못해요.
Since my friend is a foreigner she can't speak Korean well.

❸ 저는 어제 술을 많이 마셨기 때문에 지금 머리가 아파요.
I have a headache now because I drank a lot yesterday.

참고 Note

1. 원인이 명사일 때는 명사 뒤에 '때문에'를 붙여 사용할 때도 있다.
When the cause is noun, '때문에' is used after the noun.
   - 그 친구 때문에 저는 화가 났어요.
   - 교통사고 때문에 많은 사람들이 다쳤어요.

2. '–기 때문에'는 명령문이나 청유문에는 쓸 수 없다.
'–기 때문에' cannot be used in imperative or propositive sentences.

- 아프기 때문에 약을 드세요. (×)
- 배가 고프기 때문에 식당에 갑시다. (×)

연습 Practice 맞는 것을 고르십시오.
Choose the right one.

1. 오늘은 (일요일이기 때문에, 일요일 때문에) 늦게 일어났어요.
2. 어제 일을 너무 많이 (하기 때문에, 했기 때문에) 지금 피곤합니다.

연습 Practice 대화를 완성하십시오.
Complete the conversation.

1. 가 : 왜 그 가게에 자주 가요?
   나 : ________________기 때문에 ________________.
2. 가 : 웨이 씨가 기분이 안 좋은 것 같아요.
   나 : ________________기 때문에 ________________.

012 | –기로 하다

용법 Usage 결정이나 결심, 약속의 뜻을 나타낼 때 쓴다.
It is used to express the decision or promise.

활용 형태 Forms of Utilization

–기로 하다 동사 어간 뒤에 사용한다.
It is used after the verb stem.

예 입**기로 하다**, 사**기로 하다**

예문 Example

❶ 우리는 다음 달에 결혼하기로 했어요.
We decided to get married next month.

❷ 나는 오늘부터 담배를 끊기로 했다.
I decided to quit smoking from today.

❸ 내일 다시 만나서 이야기하기로 하자.
Let's meet and speak again tomorrow.

연습 Practice 문장을 완성하십시오.
Complete the sentence.

1. 저는 시험이 끝나고 친구와 같이 ________________기로 했어요. (쇼핑하다)
2. 급한 일이 생겨서 오늘 약속을 내일로 ________________기로 했습니다. (미루다)

연습 Practice 대화를 완성하십시오.
Complete the conversation.

1. 가 : 방학 때 무엇을 할 거예요?

   나 : ______________________________기로 했어요.

2. 가 : ____기로 했어요?

나 : 아니요, 배를 타고 가기로 했어요.

013 | -기 위해서

용법 Usage

어떤 일을 하는 목적이나 의도를 나타낼 때 쓴다.
It is used to express the purpose or intention.

활용 형태 Forms of Utilization

-기 위해서 동사 어간 뒤에 사용한다.
It is used after the verb stem.

예 받**기 위해서**, 만나**기 위해서**

예문 Example

❶ 필요한 자료를 찾기 위해서 도서관에 가야 합니다.
I have to go to the library to find the materials I need.

❷ 한국에 있는 대학교에 들어가기 위해서 한국말을 배우고 있다.
I am learning Korean to enter university in Korea.

❸ 제가 좋아하는 영화배우를 보기 위해서 3시간이나 기다렸어요.
I waited three hours to see the actor I like.

참고 Note

명사 뒤에는 '을 위해서'를 쓴다.
'을 위해서' is used after the noun.

- 학생들을 위해서 큰 기숙사를 짓고 있어요.
- 미래를 위해서 열심히 공부하고 있습니다.

연습 Practice 관계있는 것을 연결해서 문장을 만드십시오.
Connect the related items to make a sentence.

한국말을 잘 하다 •	• 노래방에 갔어요.
스트레스를 풀다 •	• 언어교환을 하고 있어요.
건강해지다 •	• 운동을 하고 있어요.

보기

한국말을 잘 하기 위해서 언어교환을 하고 있어요.

1. ____________________기 위해서 ____________________.
2. ____________________기 위해서 ____________________.

연습 Practice 대화를 완성하십시오.
Complete the conversation.

1. 가 : 왜 돈을 모으고 있어요?

   나 : ____________________기 위해서 돈을 모으고 있어요.

2. 가 : 누구를 위해서 일해요?

   나 : ____________________을/를 위해서 일해요.

꼭~ 알아두기

014 | -기 전에

용법 Usage 어떤 동작이나 상태가 앞에 오는 사실보다 시간상 앞설 때 쓴다.
It is used when certain action or state is ahead in time than the fact in the previous clause.

활용 형태 Forms of Utilization

-기 전에 동사 어간 뒤에 사용한다.
It is used after the verb stem.

예 앉**기 전에**, 사**기 전에**

예문 Example

❶ 밥을 먹기 전에 손을 씻었어요.
I washed my hands before I eat.

❷ 수영을 하기 전에 준비운동을 하세요.
Do warm-up exercise before swimming.

❸ 한국에 오기 전에 고향에서 뭘 했어요?
What did you do before coming to Korea?

연습 Practice 표를 보고 문장을 완성하십시오.
Complete the sentence by referring to the table below.

9:00~12:30	한국말 공부
1:00~2:00	점심 식사
2:00~5:00	아르바이트
5:30~6:30	운동

1. 아르바이트를 하기 전에 ______________________.

2. ______________________기 전에 ______________________.

연습 Practice 대화를 완성하십시오.
Complete the conversation.

1. 가 : 수업을 시작하기 전에 무엇을 했어요?

   나 : ______________________________.

2. 가 : 보통 자기 전에 뭘 합니까?

   나 : ______________________________.

문법 알아보기

ㄴ

015 | -나 보다

용법 Usage 어떤 상태나 사실로 미루어 보았을 때 그런 것 같다고 추측할 때 쓴다.
It is used to speculate based on a state or fact.

활용 형태 Forms of Utilization

-나 보다 동사 어간이나 '있다', '없다' 어간 뒤에 사용한다.
It is used after the stem of the verb or '있다', '없다'.

예 읽**나 보다**, 오**나 보다**, 재미있**나 보다**

-은가 보다 자음으로 끝나는 형용사 어간 뒤에 사용한다.
It is used after the adjectival stem that ends in consonants.

예 좋**은가 보다**

-ㄴ가 보다 모음으로 끝나는 형용사 어간 뒤에 사용한다.
It is used after the adjectival stem that ends in vowels.

예 심심한**가 보다**

인가 보다 명사 뒤에 사용한다.
It is used after the noun.

예 학생**인가 보다**, 의사**인가 보다**

-었나/았나/였나 보다
과거나 완료를 나타낼 때 동사나 형용사 어간 뒤에 사용한다.
It is used after the verb or adjectival stem to express past or perfect tense.

예 먹**었나 보다**, 찾**았나 보다**, 연습**했나 보다**, 적**었나 보다**, 바**빴나 보다**, 따뜻**했나 보다**

-을/ㄹ 건가 보다
미래를 나타낼 때 동사 어간 뒤에 사용한다.
It is used after the verb stem to express future tense.

예 닫**을 건가 보다**, **갈 건가 보다**

예문 Example

❶ 친구에게 전화를 했는데 받지 않아요. 지금 자나 봅니다.
I called my friend but he/she doesn't answer the phone. He/she must be sleeping.

❷ 아이가 집에 와서 선생님 이야기를 많이 해요. 선생님이 좋은가 봐요.
A child talks about her teacher a lot at home. She seems to like the teacher.

❸ 저 사람은 노래를 아주 잘 하는군요. 가수인가 봅니다.
That person sings very well. He/she must be a singer.

❹ 웨이 씨, 피곤해 보여요. 어제 일을 많이 했나 봐요.
Wei, you look tired. You must have worked hard yesterday.

❺ 샤오밍 씨가 케이크와 풍선을 샀어요. 파티를 할 건가 봐요.
Xiaoming bought a cake and balloons. He must be having a party.

참고 Note

동사 어간이나 '있다', '없다' 어간 뒤에 '-는가 보다'를 쓸 수 있다.
'-는가 보다' can be used after the stem of the verb or '있다', '없다'.

- 아이가 자는가 봐요.
- 영화가 재미있는가 봅니다.

연습 Practice

맞는 것을 고르십시오.
Choose the right one.

1. 친구가 요즘 (바쁜가, 바쁘나) 봅니다.
2. 어젯밤에 눈이 (온나, 왔나) 봅니다.

연습 Practice

대화를 완성하십시오.
Complete the conversation.

1. 가 : 왜 이렇게 아기가 울지요?

   나 : ______________________ 나, 은가/ㄴ가 봐요.

2. 가 : 교통이 복잡하군요.

   나 : ______________________ 나, 은가/ㄴ가 봐요.

ㄴ

016 | -나요?

용법 Usage 상대방에게 부드럽게 질문할 때 쓴다.
It is used to ask a person in a gentle manner.

활용 형태 Forms of Utilization

-나요? 동사 어간이나 '있다', '없다' 어간 뒤에 사용한다.
It is used after the stem of the verb or '있다', '없다'.

예 찾**나요?**, 공부하**나요?**, 있**나요?**

-은가요? 자음으로 끝나는 형용사 어간 뒤에 사용한다.
It is used after the adjectival stem that ends in consonants.

예 많**은가요?**

-ㄴ가요? 모음으로 끝나는 형용사 어간 뒤에 사용한다.
It is used after the adjectival stem that ends in vowels.

예 예**쁜가요?**

인가요? 명사 뒤에 사용한다.
It is used after the noun.

예 회사원**인가요?**, 교과서**인가요?**

-었나요?/았나요?/였나요?
과거나 완료를 나타낼 때 동사나 형용사 어간 뒤에 사용한다.
It is used after the verb or adjectival stem to express past or perfect tense.

예 읽**었나요?**, 만**났나요?**, 예약**했나요?**, 멋있**었나요?**, 작**았나요?**, 복잡**했나요?**

-을/ㄹ 건가요? 미래를 나타낼 때 동사 어간 뒤에 사용한다.
It is used after the verb stem to express future tense.

예 입**을 건가요?**, **갈 건가요?**

예문 Example

❶ 무슨 음식을 제일 좋아하나요?
What kind of food do you like the most?

❷ 왜 그렇게 기분이 좋은가요?
Why are you so happy?

❸ 여자 친구가 어느 나라 사람인가요?
What nationality is your girl friend?

❹ 어제 백화점에서 무엇을 샀나요?
What did you buy at the department store yesterday?

❺ 내일 누구와 같이 등산할 건가요?
Who are you going hiking with tomorrow?

연습 Practice 맞는 것을 고르십시오.
Choose the correct one.

1. 보통 학교에 무엇으로 (온가요?, 오나요?)

2. 그 옷이 (얼마인가요?, 얼마나요?)

연습 Practice 대화를 완성하십시오.
Complete the conversation.

1. 가 : 어제 영화를 봤어요.

   나 : ______________________________나요, 은가요/ㄴ가요?

2. 가 : 기분이 나빠요.

   나 : ______________________________나요, 은가요/ㄴ가요?

017 | –냐고 하다

용법 Usage 다른 사람이 질문한 내용을 간접적으로 옮겨 말할 때 쓴다.
It is used to indirectly deliver someone else's question.

활용 형태 Forms of Utilization

–냐고 하다 동사나 형용사 어간 뒤에 사용한다.
It is used after the verb or adjectival stem.

예 찾**냐고 하다**, 보**냐고 하다**, 좋**냐고 하다**, 심심하**냐고 하다**

이냐고 하다 명사 뒤에 사용한다.
It is used after the noun.

예 한국사람**이냐고 하다**, 시계**이냐고 하다**

–었냐고/았냐고/였냐고 하다
과거나 완료를 나타낼 때 동사나 형용사 어간 뒤에 사용한다.
It is used after the verb or adjectival stem to express past or perfect tense.

예 입**었냐고 하다**, 닫**았냐고 하다**, 운동**했냐고 하다**, 넓**었냐고 하다**, 비**쌌냐고 하다**, 한가**했냐고 하다**

–겠냐고 하다 미래나 추측을 나타낼 때 동사나 형용사 어간 뒤에 사용한다.
It is used after the verb stem to express future tense or supposition.

예 알**겠냐고 하다**, 오**겠냐고 하다**, 많**겠냐고 하다**, 충분하**겠냐고 하다**

예문 Example

❶ 무슨 차를 좋아하냐고 합니다.
He/she asks what kind of car I like.

❷ 집이 크냐고 해요.
He/she asks if the house is big.

❸ 몇 살이냐고 물어봤어요.
He/she asked how old (someone is).

❹ 이 옷을 어디에서 샀냐고 합니다.
He/she asks where I bought the clothes.

⑤ 종업원이 무엇을 드시겠냐고 했어요.
The server asked what I would like to eat.

참고 Note

1. '-냐고 하다'의 부정형은 '-지 않냐고 하다'이다.
   The negative form of '-냐고 하다' is '-지 않냐고 하다'.
   - 왜 아직 출발하지 않냐고 합니다.
   - 이렇게 더운데 왜 에어컨을 켜지 않냐고 합니다.
2. 동사 어간 뒤에 '-느냐고 하다'를 쓸 수 있다.
   '-느냐고 하다' can be used after the verb stem.
   - 친구가 지금 뭘 찾느냐고 합니다.
   - 부모님께서 요즘 잘 지내느냐고 물어보셨어요.
3. 자음으로 끝나는 형용사 어간 뒤에 '-으냐고 하다'를 쓸 수 있다.
   '-으냐고 하다' can be used after the adjectival stem that ends in consonants.
   - 동생이 기숙사가 좋으냐고 합니다.
   - 고향 친구가 공부할 게 많으냐고 물어봅니다.

연습 Practice 빈칸을 채우십시오.
Fill in the blanks.

〈보기〉 웨이 : "이름이 뭐예요?"	웨이 씨가 이름이 뭐냐고 합니다.
미선 : "운동을 좋아해요?"	
샤오밍 : "요즘 바빠요?"	
아버지 : "왜 늦었니?"	
어머니 : "내일 모임에 가겠니?"	
친구 : "왜 음식을 먹지 않니?"	

연습 Practice 대화를 완성하십시오.
Complete the conversation.

1. 가 : 한국 사람들이 자주 하는 질문이 뭐예요?

   나 : ______________________________냐고 해요.

2. 가 : 고향 친구가 뭘 물어봤어요?

   나 : 고향 친구가 ______________________________냐고 했어요.

ㄴ

018 | –는

용법 Usage

앞말이 뒤에 오는 명사를 수식할 때 쓴다.
It is used to modify the noun that appears after.

활용 형태 Forms of Utilization

–는

동사 어간이나 '있다', '없다' 어간 뒤에 사용한다.
It is used after the stem of the verb or '있다', '없다'.

예 읽**는**, 오**는**, 맛있**는**

–은

자음으로 끝나는 형용사 어간 뒤에 사용한다.
It is used after the adjectival stem that ends in consonants.

예 넓**은**

–ㄴ

모음으로 끝나는 형용사 어간 뒤에 사용한다.
It is used after the adjectival stem that ends in vowels.

예 예**쁜**

–은/ㄴ

과거나 완료를 나타낼 때 동사 어간 뒤에 사용한다.
It is used after the verb stem to express past or perfect tense.

예 먹**은**, 기다**린**

–을/ㄹ

미래나 추측을 나타낼 때 동사나 형용사 어간 뒤에 사용한다.
It is used after the adjectival or verb stem to express future tense or supposition.

예 받**을**, 내**릴**, 작**을**, 복잡**할**

예문 Example

❶ 지금은 쉬는 시간입니다.
It's break time right now.

❷ 이 사진에서 키가 큰 사람이 제 동생입니다.
The tallest one in the picture is my younger brother/sister.

❸ 지난 여행 때 찍은 사진인데 한번 보시겠어요?
This is the picture I took on last trip. Would you like to have a look at it?

❹ 오늘 오후에는 할 일이 많아서 쉴 수 없어요.
Since I have a lot of work to do, I cannot take a break this afternoon.

연습 Practice 한 문장으로 만드십시오.
Combine two sentences into one.

1. 비쌉니다. 가방을 샀어요.

➡ ________________________________.

2. 중국에서 왔습니다. 왕웨이입니다.

➡ ________________________________.

연습 Practice 대화를 완성하십시오.
Compelte the conversation.

1. 가 : 좋아하는 음식이 뭐예요?

나 : ____________________는, 은/ㄴ ____________________.

2. 가 : 어제 누구를 만났어요?

나 : ____________________는, 은/ㄴ ____________________.

019 | -는 것 같다

용법 Usage 상황으로 미루어 동작이나 상태를 막연히 추측할 때 쓴다.
It is used to infer actions or state based on the given situation.

활용 형태 Forms of Utilization

-는 것 같다 동사 어간이나 '있다', '없다' 어간 뒤에 사용한다.
It is used after the stem of the verb or '있다', '없다'.

예 먹**는 것 같다**, 공부하**는 것 같다**, 맛없**는 것 같다**

-은 것 같다 자음으로 끝나는 형용사 뒤에 사용한다.
It is used after the adjectives that ends in consonants.

예 좋**은 것 같다**

-ㄴ 것 같다 모음으로 끝나는 형용사 어간 뒤에 사용한다.
It is used after the adjectival stem that ends in vowels.

예 비**싼 것 같다**

인 것 같다 명사 뒤에 사용한다.
It is used after the noun.

예 외국인**인 것 같다**, 화가**인 것 같다**

-은/ㄴ 것 같다 과거나 완료를 나타낼 때 동사 어간 뒤에 사용한다.
It is is used after the verb stem to express past or perfect tense.

예 읽**은 것 같다**, 운동**한 것 같다**

-을/ㄹ 것 같다 미래나 추측을 나타낼 때 동사나 형용사 어간 뒤에 사용한다.
It is used after the verb or adjectival stem to express future tense or supposition.

예 닫**을 것 같다**, **갈 것 같다**, 작**을 것 같다**, 복잡**할 것 같다**

예문 Example

❶ 아이가 지금 자는 것 같아요.
It seems like the baby is sleeping now.

❷ 친구가 요즘 바쁜 것 같아요.
My friend seems busy these days.

❸ 저 사람이 일본 사람인 것 같아요.
I think that person is Japanese.

❹ 웨이 씨가 어제 술을 마신 것 같아요.
I think Wei drank yesterday.

❺ 하늘을 보니까 곧 비가 올 것 같아요.
Looking at the sky, it seems like it will rain soon.

연습 Practice 문장을 완성하십시오.
Complete the sentence.

1. 백화점에 사람이 많아요. 지금 ____________는, 은/ㄴ, 을/ㄹ 것 같아요. (세일을 하다)

2. 미선 씨가 피곤해 보여요. 어제 ____________는, 은/ㄴ, 을/ㄹ 것 같아요. (잠을 못 자다)

연습 Practice 대화를 완성하십시오.
Complete the conversation.

1. 가 : 저 사람이 지금 무엇을 하는 것 같아요?

   나 : ______________________________는, 은/ㄴ, 을/ㄹ 것 같아요.

2. 가 : 내일 날씨가 어떨 것 같아요?

   나 : ______________________________는, 은/ㄴ, 을/ㄹ 것 같아요.

020 | -는군요

용법 Usage

새롭게 알게 된 사실에 감탄하듯이 말할 때 쓴다. 주로 어떤 장면이나 상황을 보거나 들으면서 말할 때 쓴다.
It is used to express marvel when discovering new things. It is usually used when the speaker is seeing or hearing a scene or situation.

활용 형태 Forms of Utilization

-는군요
동사 어간 뒤에 사용한다.
It is used after the verb stem.
예 먹**는군요**, 자**는군요**

-군요
형용사 어간이나 '있다', '없다' 어간 뒤에 사용한다.
It is used after the stem of the adjective or '있다', '없다'.
예 춥**군요**, 예쁘**군요**, 재미있**군요**

이군요
명사 뒤에 사용한다.
It is used after the noun.
예 외국인**이군요**, 기숙사**이군요**

-었군요/았군요/였군요
과거나 완료를 나타낼 때 동사나 형용사 어간 뒤에 사용한다.
It is used after the verb or adjectival stem to express past or perfect tense.
예 신**었군요**, **갔군요**, 일**했군요**, 적**었군요**, 아**팠군요**, 피곤**했군요**

예문 Example

❶ 그림을 잘 그리는군요.
Oh, you draw well.

❷ 이 옷이 너무 비싸군요.
Oh, this clothes is too expensive.

❸ 웨이 씨가 부자이군요.
Oh, Wei is rich.

④ 어제 눈이 많이 왔군요.
Oh, it snowed a lot yesterday.

참고 Note

'-는군요'는 반말로 말할 때 '-는구나'로 바꿔 쓴다.
'-는군요' is replaced by '-는구나' when the speaker wants to use the plain form.

- 열심히 일하는구나.
- 너, 지금 바쁘구나.

연습 Practice 맞는 것을 고르십시오.
Choose the right one.

1. 이 음식이 아주 (맛있군요, 맛있는군요).
2. 미선 씨, 아주 열심히 (공부하군요, 공부하는군요).

연습 Practice 대화를 완성하십시오.
Complete the conversation.

1. 가 : 이 옷이 어때요?

   나 : ______________________________는군요/군요.

2. 가 : 이 사람은 제 남자 친구예요.

   나 : ______________________________는군요/군요.

021 | -는다

용법 Usage 격식체 종결어미이다. 주로 아랫사람이나 동급의 사람에게 쓴다.
It is a formal form of final ending. It is usually used to address people of lower or equal rank.

활용 형태 Forms of Utilization

-는다 자음으로 끝나는 동사 어간 뒤에 사용한다.
It is used after the verb stem that ends in consonants.

예 듣**는다**

-ㄴ다 모음으로 끝나는 동사 어간 뒤에 사용한다.
It is used after the verb stem that ends in vowels.

예 **본다**

-다 형용사 어간 뒤에 사용한다.
It is used after the adjectival stem.

예 좋**다**, 예쁘**다**

이다 명사 뒤에 사용한다.
It is used after the noun.

예 회사원**이다**, 교과서**이다**

-었다/았다/였다 과거나 완료를 나타낼 때 동사나 형용사 어간 뒤에 사용한다.
It is used after the verb or adjectival stem to express past or perfect tense.

예 열**었다**, **샀다**, 연습**했다**, 비**쌌다**, 재미있**었다**, 시원**했다**

-겠다 미래나 추측을 나타낼 때 동사나 형용사 어간 뒤에 사용한다.
It is used after the verb or adjectival stem to express future tense or supposition.

예 읽**겠다**, 자**겠다**, 많**겠다**, 기쁘**겠다**

예문 Example

❶ 나는 아침에 빵을 먹는다.
I eat bread in the morning.

❷ 우리 고향은 아주 아름답다.
My hometown is very beautiful.

❸ 나는 미국 사람이고 친구는 한국 사람이다.
I am American and my friend is Korean.

❹ 어제 친구들과 재미있게 놀았다.
I had fun with my friends yesteday.

❺ 내일은 외출하지 않고 집에서 쉬겠다.
I will not go out and rest at home tomorrow.

참고 Note

'-는다'의 부정형은 '-지 않는다'이고, '-다'의 부정형은 '-지 않다'이다.
The negative form of '-는다' is '-지 않는다', and the negative form of '-다' is '-지 않다'.

- 나는 매운 음식을 좋아하지 않는다.
- 나는 지금 바쁘지 않다.

연습 Practice 빈칸을 채우십시오.
Fill in the blanks.

높임말	반말
〈보기〉 오늘은 날씨가 춥습니다.	오늘은 날씨가 춥다.
주말에는 출근하지 않습니다.	
제주도는 한국의 유명한 관광지입니다.	
공항까지 1시간 걸렸습니다.	
앞으로 열심히 공부하겠습니다.	

연습 Practice 일기를 완성하십시오.
Complete the diary.

3월 15일 수요일 날씨 : 흐림

며칠 전부터 아팠는데 오늘은 아침부터 열이 많이 〈보기〉났다.(나다)

그래서 아침 일찍 병원에 1. ______________.(가다)

환절기여서 그런지 병원에 감기 환자가 많았다.

집에 돌아와서 약을 먹고 쉬니까 좀 괜찮아졌다.

빨리 나아서 내일은 학교에 갈 수 있으면 2. ______________.(좋다)

022 | -는다고 하다

용법 Usage 다른 사람이 서술한 내용을 간접적으로 옮겨 말할 때 쓴다.
It is used when the speaker speaks of something that has been described by someone else indirectly.

활용 형태 Forms of Utilization

-는다고 하다 자음으로 끝나는 동사 어간 뒤에 사용한다.
It is used after the verb stem that ends in consonants.

예 찾**는다고 하다**

-ㄴ다고 하다 모음으로 끝나는 동사 어간 뒤에 사용한다.
It is used after the verb stem that ends in vowels.

예 **온다고 하다**

-다고 하다 형용사 어간 뒤에 사용한다.
It is used after the adjectival stem.

예 춥**다고 하다**, 한가하**다고 하다**

이라고 하다 명사 뒤에 사용한다.
It is used after the noun.

예 학생**이라고 하다**, 가수**이라고 하다**

-었다고/았다고/였다고 하다
과거나 완료를 나타낼 때 동사나 형용사 어간 뒤에 사용한다.
It is used after the verb or adjectival stem to express past or perfect tense.

예 만들**었다고 하다**, **갔다고 하다**, 취직**했다고 하다**, 넓**었다고 하다**, 작**았다고 하다**, 행복**했다고 하다**

-겠다고 하다 미래나 추측을 나타낼 때 동사나 형용사 어간 뒤에 사용한다.
It is used after the verb or adjectival stem to express future tense or supposition.

예 읽**겠다고 하다**, 쉬**겠다고 하다**, 춥**겠다고 하다**, 바쁘**겠다고 하다**

예문 Example

❶ 한국에서는 설날에 떡국을 먹는다고 해요.
In Korea, they say they eat 떡국 on New years's day.

❷ 동생이 요즘 아주 바쁘다고 합니다.
My brother says he is very busy thesedays.

❸ 친구의 취미가 영화감상이라고 합니다.
My friend says her hobby is watching films.

❹ 웨이 씨가 어제 영화를 봤다고 해요.
Wei says he saw a movie yesterday.

❺ 딸이 이따가 숙제를 하겠다고 해요.
My daughter says she will do her homework later.

참고 Note

'-는다고 하다'의 부정형은 '-지 않는다고 하다'이고, '-다고 하다'의 부정형은 '-지 않다고 하다'이다.
The negative form for '-는다고 하다' is '-지 않는다고 하다', and the negative form of '-다고 하다' is '-지 않다고 하다'.

- 친구가 운동을 좋아하지 않는다고 합니다.
- 하숙집 아주머니가 삼계탕이 맵지 않다고 합니다.

연습 Practice 빈칸을 채우십시오.
Fill in the blanks.

〈보기〉 웨이 : "중국 사람입니다."	웨이 씨가 중국 사람이라고 합니다.
미선 : "주말마다 남자친구를 만나."	
아이 : "배가 아파요."	
제인 : "어제 등산을 했어."	
친구 : "내일 일찍 오겠습니다."	
선생님 : "이번 시험이 어렵지 않아요."	

연습 Practice 대화를 완성하십시오.
Complete the conversation.

1. 가 : 마이클 씨가 지금 어디에 있다고 해요?

   나 : ______________________ 는다고/ㄴ다고, 다고 해요.

2. 가 : 웨이 씨가 주말에 뭘 했다고 해요?

   나 : ______________________ 었다고/았다고/였다고 해요.

023 | -는 대로

용법 Usage

'앞에 어떤 동작이나 상태가 나타나는 즉시, 그 후에 곧'의 뜻을 나타낼 때 쓴다. 과거의 일에 대해서는 쓸 수 없다.

It is used to express the meaning of 'as soon as certain action or state appears'. It cannot be used for events that has happened in the past.

활용 형태 Forms of Utilization

-는 대로 동사 어간 뒤에 사용한다.
It is used after the verb stem.

예 받**는 대로**, 도착하**는 대로**

예문 Example

❶ 그 책을 다 읽는 대로 빌려 주세요.
Please let me borrow the book as soon as you are finished reading it.

❷ 가방을 찾는 대로 연락드리겠습니다.
I will contact you as soon as I find the bag.

❸ 미국에서 돌아오시는 대로 전화해 주세요.
Please give me a call as soon as you come back from the States.

연습 Practice 한 문장으로 만드십시오.
Combine the sentences into one.

1. 편지를 받습니다. / 답장을 하겠습니다.

→ ____________________는 대로 ____________________.

2. 아버지께서 들어오십니다. / 저녁을 먹자.

→ ____________________는 대로 ____________________.

연습 Practice 대화를 완성하십시오.
Complete the conversation.

1. 가 : 시험이 끝나는 대로 뭘 할 거예요?

   나 : ______________는 대로 ______________.

2. 가 : 언제 여행을 떠날 거예요?

   나 : ______________는 대로 ______________.

024 | -는데[1]

용법 Usage 앞 문장과 뒤 문장이 서로 대비되는 관계를 나타낼 때 쓴다.
It is used to show the contrast of the previous clause with the latter one.

활용 형태 Forms of Utilization

-는데 동사 어간이나 '있다', '없다' 어간 뒤에 사용한다.
It is used after the stem of the verb or '있다', '없다'.

예 입**는데**, 쓰**는데**, 재미있**는데**

-은데 자음으로 끝나는 형용사 어간 뒤에 사용한다.
It is used after the adjectival stem that ends in consonants.

예 작**은데**

-ㄴ데 모음으로 끝나는 형용사 어간 뒤에 사용한다.
It is used after the adjectival stem that ends in vowels.

예 기**쁜데**

인데 명사 뒤에 사용한다.
It is used after the noun.

예 학생**인데**, 노래**인데**

-었는데/았는데/였는데
과거나 완료를 나타낼 때 동사나 형용사의 어간 뒤에 사용한다.
It is used after the verb or adjectival stem to express past or perfect tense.

예 읽**었는데**, **갔는데**, 운동**했는데**, 슬**펐는데**, 좋**았는데**, 뚱뚱**했는데**

예문 Example

❶ 저는 탁구를 좋아하는데 친구들은 축구를 좋아해요.
I like playing ping pong, but my friends like soccer.

❷ 지하철은 복잡한데 버스는 복잡하지 않아요.
Subway is very crowded, but bus is not.

❸ 여자 친구는 회사원인데 저는 아직 대학생이에요.
My girlfriend has a job, but I'm still a college student.

❹ 지난주에는 바빴는데 이번 주에는 좀 한가해요.
I was busy last week, but I am free this week.

연습 Practice 한 문장으로 만드십시오.
Combine the sentences into one.

1. 방은 좁아요. 거실은 넓어요.

➡ ____________________는데, 은데/ㄴ데 __________________________.

2. 작년에는 한국말을 하나도 몰랐어요. 지금은 조금 할 수 있어요.

➡ ____________________는데, 은데/ㄴ데 __________________________.

연습 Practice 문장을 완성하십시오.
Complete the sentence.

1. 저는 한식을 ________________는데, 은데/ㄴ데 동생은 양식을 먹고 싶어해요.

2. 어제는 ______________________________는데, 은데/ㄴ데 오늘은 좀 춥군요.

025 | -는데^2

용법 Usage

뒤 문장에 대해 앞 문장은 배경이 되어 도입의 역할을 할 때 쓰고, 뒤 문장에는 질문이 온다.
The previous sentence acts as an introduction to the sentence that follows, and the following sentence is in a question form.

활용 형태 Forms of Utilization

-는데
동사 어간이나 '있다', '없다' 어간 뒤에 사용한다.
It is used after the stem of the verb or '있다', '없다'.
예 듣**는데**, 가**는데**, 맛있**는데**

-은데
자음으로 끝나는 형용사 어간 뒤에 사용한다.
It is used after the adjectival stem that ends in consonants.
예 괜찮**은데**

-ㄴ데
모음으로 끝나는 형용사 어간 뒤에 사용한다.
It is used after the adjectival stem that ends in vowels.
예 **큰데**

인데
명사 뒤에 사용한다.
It is used after the noun.
예 한국 사람**인데**, 자전거**인데**

-었는데/았는데/였는데
과거나 완료를 나타낼 때 동사나 형용사의 어간 뒤에 사용한다.
It is used after the verb or adjectival stem to express past or perfect tense.
예 입**었는데**, **왔는데**, 공부**했는데**, 기**뻤는데**, 아**팠는데**, 한가**했는데**

예문 Example

❶ 저는 한국 음식을 좋아하는데 샤오밍 씨는 무슨 음식을 좋아하세요?
I like Korean food. Xiaoming, what kind of food do you like?

❷ 백화점 물건은 값이 비싼데 시장 물건은 어떻습니까?
Goods at malls are expensive. How about goods in marketplace?

❸ 제 취미는 등산인데 선생님은 취미가 뭐예요?
My hobby is going on hiking. Mr/Ms/Mrs OOO, what is your hobby?

❹ 우리 학교는 어제 졸업식을 했는데 리에 씨 학교는 언제 졸업식을 해요?
Our school had a graduation yesterday. Li-ae, when is your school having a graduation?

연습 Practice 한 문장으로 만드십시오.
Combine the sentences into one.

1. 학생 식당은 복잡합니다. 학교 앞 식당은 어때요?

➡ ______________________는데, 은데/ㄴ데 ______________________?

2. 한국 사람들은 설날에 떡국을 먹습니다. 일본 사람들은 무엇을 먹습니까?

➡ ______________________는데, 은데/ㄴ데 ______________________?

연습 Practice 대화를 완성하십시오.
Complete the conversation.

제인 : 여보세요? 영수 씨, 저 제인이에요.

영수 : 안녕하세요? 제인 씨, 잘 지내시지요?

제인 : 네, 학교생활은 어때요?

영수 : 재미있어요. 저는 요즘 1. ______________________는데, 은데/ㄴ데
제인 씨는 어때요?

제인 : 저도 바빠요. 우리 학교는 다음 주에 2. ______________________는데,
은데/ㄴ데 영수 씨 학교는 언제 시험이 있어요?

영수 : 우리 학교는 이번 주에 시험이 있어요.

제인 : 그럼 시험이 끝나고 같이 영화를 보러 갈까요?

영수 : 좋아요. 시험이 끝나고 다시 연락합시다.

026 | -는데[3]

용법 Usage

어떤 사실을 소개하거나 제시할 때 쓴다. 뒤 문장에는 앞 문장의 사실과 관련된 부연 설명이나 부가적인 내용이 온다.
It is used to suggest or introduce facts. The following sentence carries additional information or explanation that is related to the previous sentence.

활용 형태 Forms of Utilization

-는데
동사 어간이나 '있다', '없다' 어간 뒤에 사용한다.
It is used after the stem of the verb or '있다', '없다'.
예 먹**는데**, 주**는데**, 맛없**는데**

-은데
자음으로 끝나는 형용사 어간 뒤에 사용한다.
It is used after the adjectival stem that ends in consonants.
예 넓**은데**

-ㄴ데
모음으로 끝나는 형용사 어간 뒤에 사용한다.
It is used after adjectival stem that ends in vowels.
예 **싼데**

인데
명사 뒤에 사용한다.
It is used after the noun.
예 선물**인데**, 누나**인데**

-었는데/았는데/였는데
과거나 완료를 나타낼 때 동사나 형용사의 어간 뒤에 사용한다.
It is used after the verb or adjectival stem to express past or perfect tense.
예 입**었는데**, **왔는데**, 공부**했는데**, 예**뻤는데**, 바**빴는데**, 복잡**했는데**

예문 Example

❶ 학교 앞 아파트에 사는데 교통이 편리합니다.
I live in the apartment in front of campus, and transportation is convenient.

❷ 웨이 씨는 친구가 많은데 대부분 한국 사람이에요.
Wei has many friends, but most of them are Korean.

❸ 제인 씨는 우리 반 친구인데 한국말을 아주 잘 해요.
Jane is my classmate, but she speaks Korean very well.

❹ 어제 오랜만에 영화를 봤는데 아주 감동적이었습니다.
I saw a movie in a long time, and the movie was very touching.

연습 Practice 관계있는 것을 연결해서 문장을 만드십시오.
Connect the related sentences and make a sentence.

이 분은 중국어 선생님입니다. •	• 아주 반가웠어요.
저는 학생 식당에 자주 갑니다. •	• 맛도 좋고 값도 싸요.
어제 학교에서 샤오밍 씨를 만났습니다. •	• 베이징에서 오셨어요.

보기

이 분은 중국어 선생님인데 베이징에서 오셨어요

1. ______________ 는데, 은데/ㄴ데 ______________.

2. ______________ 는데, 은데/ㄴ데 ______________.

연습 Practice 대화를 완성하십시오.
Complete the conversation.

1. 가 : 요즘 뭘 배워요?

   나 : ______________ 는데, 은데/ㄴ데 ______________.

2. 가 : 옆에 계신 분은 누구세요?

   나 : ______________ 는데, 은데/ㄴ데 ______________.

027 | -는데[4]

용법 Usage

앞 문장의 내용이 뒤 문장 내용의 이유나 근거가 될 때 쓴다. 뒤 문장에는 주로 '-으십시오', '-읍시다', '-을까요?' 등이 온다.

It is used when the information in the previous sentence can be a cause or basis for the sentence that follows. Usually '-으십시오', '-읍시다' or '-을까요?' appears in the following sentence.

활용 형태 Forms of Utilization

-는데

동사 어간이나 '있다', '없다' 어간 뒤에 사용한다.
It is used after the stem of the verb or '있다', '없다'.

예 찾**는데**, 오**는데**, 재미없**는데**

-은데

자음으로 끝나는 형용사 어간 뒤에 사용한다.
It is used after the adjectival stem that ends in consonants.

예 맑**은데**

-ㄴ데

모음으로 끝나는 형용사 어간 뒤에 사용한다.
It is used after the adjectival stem that ends in vowels.

예 예**쁜데**

인데

명사 뒤에 사용한다.
It is used after the noun.

예 시험**인데**, 휴가**인데**

-었는데/았는데/였는데

과거나 완료를 나타낼 때 동사나 형용사의 어간 뒤에 사용한다.
It is used after the verb or adjectival stem to express past or perfect tense.

예 먹**었는데**, 올라**갔는데**, 운동**했는데**, 기**뻤는데**, 좋**았는데**, 심심**했는데**

예문 Example

❶ 모두가 기다리고 있는데 빨리 오세요.
Everybody is waiting so hurry up.

❷ 교통이 복잡한데 지하철을 탈까요?
There is heavy traffic, should we take the subway train?

❸ 곧 회의 시간인데 서둘러서 준비합시다.
The meeting wil be held shortly, let's get prepared quick.

❹ 어제 눈이 많이 왔는데 조심해서 운전하십시오.
It snowed a lot yesterday so drive carefully.

연습 Practice 맞는 것을 고르십시오.
Choose the right one.

1. 점심시간인데 같이 식당에 갈까요? ( )
점심시간인데 같이 식당에 갔어요? ( )

2. 잘 어울릴 것 같은데 한번 입어 봅니다. ( )
잘 어울릴 것 같은데 한번 입어 보세요. ( )

연습 Practice 문장을 완성하십시오.
Complete the sentence.

1. 신발이 싸고 ____________________는데, 은데/ㄴ데 한 켤레 사세요.

2. ____________________는데, 은데/ㄴ데 빨리 출발합시다.

028 | -는 데다가

용법 Usage 앞의 동작이나 상태에 다른 동작이나 상태가 덧붙여짐을 나타낼 때 쓴다.
It is used to express that additional action or state is attached to the action or state in the previous clause.

활용 형태 Forms of Utilization

-는 데다가 동사 어간이나 '있다', '없다' 어간 뒤에 사용한다.
It is used after the stem of the verb or '있다', '없다'.
예 읽**는 데다가**, 좋아하**는 데다가**, 재미있**는 데다가**

-은 데다가 자음으로 끝나는 형용사 어간 뒤에 사용한다.
It is used after the adjectival stem that ends in consonants.
예 많**은 데다가**

-ㄴ 데다가 모음으로 끝나는 형용사 어간 뒤에 사용한다.
It is used after the adjectival stem that ends in vowels.
예 아**픈 데다가**

인 데다가 명사 뒤에 사용한다.
It is used after the noun.
예 토요일**인 데다가**, 대도시**인 데다가**

-은/ㄴ 데다가 과거나 완료를 나타낼 때 동사 어간 뒤에 사용한다.
It is used after the verb or adjectival stem to express past or perfect tense.
예 먹**은 데다가**, 기다**린 데다가**

예문 Example

❶ 열이 많이 나는 데다가 목도 아파요.
On top of a high fever, my throat hurts.

❷ 영수 씨는 성격이 좋은 데다가 똑똑해요.
Not only does Young-su has a good personality, but is also smart.

❸ 출근 시간인 데다가 사고도 나서 차가 많이 밀립니다.
Traffic is heavy because it's not only rush hour but there was also an accident.

❹ 지각을 한 데다가 깜빡 잊고 교과서도 안 가지고 왔어요.
Not only was I late, but I also forgot to bring the textbook.

연습 Practice 한 문장으로 만드십시오.
Combine the sentences into one.

1. 비도 옵니다. 바람도 많이 붑니다.

➡ ____________________는, 은/ㄴ 데다가 ____________________.

2. 학교 앞 커피숍은 커피 값이 쌉니다. 서비스도 좋아요.

➡ ____________________는, 은/ㄴ 데다가 ____________________.

연습 Practice 대화를 완성하십시오.
Complete the conversation.

1. 가 : 어제 왜 학교에 안 왔어요? 어디 아팠어요?

나 : 네, ____________________는, 은/ㄴ 데다가 ____________________.

2. 가 : 샤오밍 씨는 재주가 많지요?

나 : 네, ____________________는, 은/ㄴ 데다가 ____________________.

029 | -는데요

용법 Usage

어떤 상황을 말하면서 상대방의 반응을 기대하는 표현이다. 보통 대화가 끊어지지 않고 이어지기를 바랄 때 쓴다.

It is used to express that the speaker is expecting the other party's response as the speaker talks about a situation. It is usually used when the speaker desires to continue the conversation.

활용 형태 Forms of Utilization

-는데요

동사 어간이나 '있다', '없다' 어간 뒤에 사용한다.

It is used after the stem of the verb or '있다', '없다'.

예 읽**는데요**, 가**는데요**, 있**는데요**

-은데요

자음으로 끝나는 형용사 어간 뒤에 사용한다.

It is used after the adjectival stem that ends in consonants.

예 좁**은데요**

-ㄴ데요

모음으로 끝나는 형용사 어간 뒤에 사용한다.

It is used after the adjectival stem that ends in vowels.

예 한가**한데요**

인데요

명사 뒤에 사용한다.

It is used after the noun.

예 가방**인데요**, 친구**인데요**

-었는데요/았는데요/였는데요

과거나 완료를 나타낼 때 동사나 형용사의 어간 뒤에 사용한다.

It is used after the verb or adjectival stem to express past or perfect tense.

예 먹**었는데요**, **샀는데요**, 일**했는데요**, 바**빴는데요**, 힘들**었는데요**, 따뜻**했는데요**

예문 Example

❶ 청바지가 잘 어울리는데요.
Your jean looks good on you.

❷ 집이 아주 넓은데요.
Your house is very big.

❸ 바로 전데요. 누구세요?
This is her/him, but may I ask who's calling?

❹ 옆집에서 무슨 소리가 들렸는데요.
I heard a sound from the house next door.

연습 Practice 〈보기〉와 같이 문장을 바꾸십시오.
Change the sentence as it is shown in <보기>.

보기

제가 김영수입니다. ➡ 제가 김영수인데요.

1. 지금 비가 옵니다. ➡ ____________________.

2. 김치가 좀 짭니다. ➡ ____________________.

연습 Practice 대화를 완성하십시오.
Complete the conversation.

1. 가 : 내일 만날까요?

나 : ____________________는데요, 은데요/ㄴ데요.

2. 가 : 뭘 먹고 싶어요?

나 : ____________________는데요, 은데요/ㄴ데요.

030 | –는 동안

용법 Usage 어떤 동작이나 상태가 지속되는 시간을 나타내는 표현이다.
It is an expression to show the continuity of actions or states.

활용 형태 Forms of Utilization

–는 동안 동사 어간 뒤에 사용한다.
It is used after the verb stem.

예 찾**는 동안**, 자**는 동안**

예문 Example

❶ 학교에 가는 동안 버스 안에서 음악을 들어요.
I listen to music on the bus while I'm going to school.

❷ 내가 없는 동안 놀지 말고 공부하고 있어라.
Study and don't play while I'm gone.

❸ 집에서 쉬는 동안 영화나 볼까 해요.
I think I will watch a movie while I'm taking a break at home.

참고 Note

시간이나 기간을 나타내는 명사 뒤에 사용할 때는 '동안'을 쓴다.
'동안' is used when it is used after the noun that expresses time or period.

- 한 달 동안 한국에 있을 거예요.
- 몇 년 동안 태권도를 배웠어요?

꼭~ 알아두기

연습 Practice **한 문장으로 만드십시오.**
Combine the sentences into one.

1. 영화를 봅니다. 휴대 전화를 꺼 놓으세요.

   ➡ ____________________는 동안 ____________________.

2. 영수 씨가 점심을 먹었습니다. 샤오밍 씨는 텔레비전을 봤습니다.

   ➡ ____________________는 동안 ____________________.

연습 Practice **대화를 완성하십시오.**
Complete the conversation.

1. 가 : ____________________는 동안 ____________________?

   나 : 친구도 많이 사귀고 여행도 많이 하고 싶어요.

2. 가 : ____________________ 동안 ____________________?

   나 : 1년 동안 한국어를 공부했어요.

031 | -는 줄 알다

용법 Usage 어떤 사실의 결과가 나타나기 전에 미루어 짐작한 내용이 실제 사실과 다름을 나타낼 때 쓴다. 보통 '-는 줄 알았다'의 형태로 쓰인다.
It is used to express that the presumption made is different from the actual result. It is usually used in '-는 줄 알았다' form.

활용 형태 Forms of Utilization

-는 줄 알다 동사 어간이나 '있다', '없다' 어간 뒤에 사용한다.
It is used after the stem of the verb or '있다', '없다'.
예 먹**는 줄 알다**, 사귀**는 줄 알다**, 없**는 줄 알다**

-은 줄 알다 자음으로 끝나는 형용사 어간 뒤에 사용한다.
It is used after the adjectival stem that ends in consonants.
예 많**은 줄 알다**

-ㄴ 줄 알다 모음으로 끝나는 형용사 어간 뒤에 사용한다.
It is used after the adjectival stem that ends in vowels.
예 바**쁜 줄 알다**

인 줄 알다 명사 뒤에 사용한다.
It is used after the noun.
예 학생**인 줄 알다**, 강아지**인 줄 알다**

-은/ㄴ 줄 알다 과거나 완료를 나타낼 때 동사 어간 뒤에 사용한다.
It is used after the verb stem to express the past or perfect tense.
예 찾**은 줄 알다**, **간 줄 알다**

-을/ㄹ 줄 알다 미래나 추측을 나타낼 때 동사나 형용사 어간 뒤에 사용한다.
It is used after the verb or adjectival stem to express future tense or supposition.
예 받**을 줄 알다**, 만**날 줄 알다**, 넓**을 줄 알다**, 예**쁠 줄 알다**

예문 Example

❶ 마이클 씨가 축구를 좋아하는 줄 알았습니다.
I thought Michael liked soccer.

❷ 웨이 씨가 저보다 나이가 적은 줄 알았습니다.
I thought Wei was younger than me.

❸ 저는 그 분이 선생님인 줄 알았어요.
I thought he/she was a teacher.

❹ 연락이 없어서 벌써 고향으로 돌아가신 줄 알았어요.
I thought you went back to your hometown since I didn't hear anything from you.

❺ 오늘 모임에 못 오실 줄 알았는데 어떻게 오셨어요?
I thought you couldn't make it to the meeting today. How did you make it?

연습 Practice 같은 의미가 되도록 문장을 바꾸십시오.
Change the sentences so that the two sentences will have the same meaning.

1. 그 사람이 대학생이라고 생각했는데 회사원이었어요.

➡ 그 사람이 ______________________는, 은/ㄴ, 을/ㄹ 줄 알았어요.

2. 교통이 복잡할 것이라고 생각했는데 복잡하지 않았어요.

➡ 교통이 ______________________는, 은/ㄴ, 을/ㄹ 줄 알았어요.

연습 Practice 대화를 완성하십시오.
Complete the conversation.

1. 가 : 저는 매운 음식을 좋아해요.

나 : 그래요? 매운 음식을 ______________________.

2. 가 : 어제 모임에 왜 안 왔어요?

나 : 어제였어요? ______________________.

032 | -는지 알다/모르다

용법 Usage

어떤 사실에 대해 알거나 모름을 나타낼 때 쓴다. '-는지 알다/모르다' 앞에는 주로 '언제', '누구', '어디', '얼마', '어떻게' 등의 의문사가 온다.

It is used to express whether speaker is aware of facts or not. Interrogatives such as '언제'(when), '누구'(who), '어디'(where), '얼마'(how much), '어떻게'(how) are usually used in front of '-는지 알다/모르다'.

활용 형태 Forms of Utilization

-는지 알다 동사 어간이나 '있다', '없다' 어간 뒤에 사용한다

It is used after the stem of the verb or '있다', '없다'.

예 닫**는지 알다**, 좋아하**는지 모르다**, 맛있**는지 알다**

-은지 알다 자음으로 끝나는 형용사 어간 뒤에 사용한다.

It is used after the adjectival stem that ends in consonants.

예 좋**은지 알다**

-ㄴ지 알다 모음으로 끝나는 형용사 어간 뒤에 사용한다.

It is used after the adjectival stem that ends in vowels.

예 **싼지 모르다**

인지 알다 명사 뒤에 사용한다.

It is used after the noun.

예 무엇**인지 알다**, 어디**인지 모르다**

-었는지/았는지/였는지 알다

과거나 완료를 나타낼 때 동사 어간 뒤에 사용한다.

It is used after the verb stem to express past or perfect tense.

예 먹**었는지 알다**, **갔는지 모르다**, 일**했는지 알다**

-을지/ㄹ지 알다 미래를 나타낼 때 동사 어간 뒤에 사용한다.

It is used after the verb stem to express future tense.

예 입**을지 알다**, **올지 모르다**

예문 Example

❶ 서울역에 어떻게 가는지 아십니까?
Do you know how to get to Seoul station?

❷ 오늘 도서관에 왜 사람이 많은지 알아요?
Do you know why there are so many people in the library?

❸ 지하철 요금이 얼마인지 몰라요.
I don't know how much the fare is for subway.

❹ 나는 두 사람이 어떻게 만났는지 몰라.
I don't know how those two met.

❺ 내일 선생님께서 무슨 말씀을 하실지 알아요.
I know what the teacher is going to say tomorrow.

참고 Note

'-는지 모르다'는 '얼마나 -는지 모르다'의 형태로 쓰여 '아주 ~하다'의 의미를 나타내기도 한다.
'-는지 모르다' can be used as '얼마나 -는지 모르다' form to express the meaning of '아주 ~하다'.

- 학생들이 얼마나 열심히 공부하는지 모릅니다.
- 병원에 환자가 얼마나 많은지 몰라요.

연습 Practice 한 문장으로 만드십시오.
Combine the sentences into one.

1. 경복궁이 어디에 있습니까? 아십니까?

➡ ________________는지, 은지/ㄴ지 ____________________?

2. 리에 씨 생일이 언제입니까? 알아요?

➡ ________________는지, 은지/ㄴ지 ____________________?

연습 Practice 대화를 완성하십시오.
Complete the conversation.

1. 가 : ____?

   나 : 네, 알아요. 회의는 2시에 끝날 거예요.

2. 가 : ____?

   나 : 아니요, 웨이 씨가 어제 무엇을 했는지 몰라요.

033 | –니?

용법 Usage

격식체 반말로 아랫사람이나 동급의 사람에게 질문을 할 때 쓴다.
It is a formal and plain form of ending which is used to ask people of lower or equal rank.

활용 형태 Forms of Utilization

–니?
동사나 형용사 어간 뒤에 사용한다.
It is used after the verb or adjectival stem.
예 찾**니?**, 가**니?**, 많**니?**, 아프**니?**

이니?
명사 뒤에 사용한다.
It is used after the noun.
예 학생**이니?**, 관광지**이니?**

–었니?/았니?/였니?
과거나 완료를 나타낼 때 동사나 형용사 어간 뒤에 사용한다.
It is used after the verb or adjectival stem to express past or perfect tense.
예 빌**렸니?**, 닫**았니?**, 세수**했니?**, 맛있**었니?**, 좁**았니?**, 한가**했니?**

–겠니?
미래나 추측을 나타낼 때 동사나 형용사 어간 뒤에 사용한다.
It is used after the verb or adjectival stem to express future tense or supposition.
예 앉**겠니?**, 보**겠니?**, 적**겠니?**, 비싸**겠니?**

예문 Example

❶ 요즘 어떻게 지내니?
How are you doing these days?

❷ 어느 나라 사람이니?
What is your nationality?

❸ 어디에서 그 시계를 샀니?
Where did you buy the watch?

❹ 내일 우리 집에 오겠니?
Would you like to come over to my house tomorrow?

참고 Note

1. '-니?'의 부정형은 '-지 않니?'이다.
   The negative form of '-니?' is '-지 않니?'.
   - 아르바이트가 힘들지 않니?
   - 왜 오늘 학교에 가지 않니?

2. 자음으로 끝나는 형용사 어간 뒤에는 '-으니?'를 쓸 수 있다.
   '-으니?' can be used behind the adjectival stem that ends with consonants.
   - 날씨가 좋으니?
   - 운동장이 넓으니?

ㄴ

연습 Practice 빈칸을 채우십시오.
Fill in the blanks.

높임말	반말
〈보기〉 요즘 무엇을 배웁니까?	요즘 무엇을 배우니?
가방이 무겁습니까?	
이것은 누구 안경입니까?	
어제 서울에 눈이 왔습니까?	
무슨 노래를 부르겠습니까?	

연습 Practice 대화를 완성하십시오.
Complete the conversation.

1. 가 : ____________________________니?

   나 : 아니, 잘 못한다.

2. 가 : ____________________________니?

   나 : 공부한다.

문법 알아보기

ㄷ

034 | ㄷ 불규칙 용언

용법 Usage

ㄷ 불규칙 용언은 어간이 'ㄷ'으로 끝나는 동사 중의 일부 동사(묻다, 듣다, 걷다, 싣다 등)를 말한다. ㄷ 불규칙 용언은 모음으로 시작하는 어미 앞에서 받침 'ㄷ'이 'ㄹ'로 바뀐다.

ㄷ irregular verbs and adjectives indicate the verbs and adjectives that have a stem ending with 'ㄷ' such as 묻다, 듣다, 걷다, 싣다, etc. The final consonant of ㄷ irregular verbs changes from 'ㄷ' to 'ㄹ' in front of an ending that starts with vowels.

활용 형태 Forms of Utilization

묻다 + -어요/아요 → **물어요**
걷다 + -으니까/니까 → **걸으니까**

예문 Example

❶ 날마다 학교까지 걸어서 옵니다.
I walk to school everyday.

❷ 여행 가방을 자동차에 실으세요.
Please put the luggage in the car.

❸ 음악을 들으면 기분이 좋습니다.
It feels good when I listen to music.

참고 Note

받침 'ㄷ'이 있지만 불규칙 용언이 아닌 동사가 있다. '닫다', '믿다', '받다'는 ㄷ 불규칙 용언이 아니다.
There are verbs that have final consonant 'ㄷ', but are not considered as an irregular verb. '닫다', '믿다', '받다' are not ㄷ irregular verbs.

- 추우니까 창문을 닫으세요.
- 고향에서 보내온 소포를 받아서 기분이 좋아요.

연습 Practice 빈칸을 채우십시오.
Fill in the blanks.

ㄷ 불규칙 용언	–고	–어서/아서	–으면/면	–으세요/세요
듣다				
걷다				
싣다				
*닫다				
*받다				

연습 Practice 대화를 완성하십시오.
Complete the conversation.

1. 가 : 무슨 음악을 들을까요?

   나 : 조용한 음악을 ______________________읍시다/ㅂ시다. (듣다)

2. 가 : 약속 시간이 몇 시지요?

   나 : 글쎄요, 웨이 씨에게 한번 _______________어/아 볼까요? (묻다)

035 | -다가

용법 Usage 어떤 동작이나 상태가 중단되고 다른 동작이나 상태로 바뀜을 나타낼 때 쓴다.
It is used to express that an action or state has discontinued and changed to another action or state.

활용 형태 Forms of Utilization

-다가 동사나 형용사 어간 뒤에 사용한다.
It is used after the verb or adjectival stem.

예 읽**다가**, 가르치**다가**, 춥**다가**, 흐리**다가**

예문 Example

❶ 저녁을 먹다가 전화를 받았어요.
I picked up the phone while eating dinner.

❷ 자다가 시끄러워서 깼어요.
I woke up from sleep because it was loud.

❸ 날씨가 맑다가 갑자기 비가 왔어요.
The weather was nice, but suddenly it rained.

참고 Note

앞 동작이 진행되면서 뒤 동작이 덧붙는 경우에도 쓴다.
It can be also used when an action is still in the progress as another action is following.

- 학교에 가다가 친구를 만났어요.
- 음악을 듣다가 부모님 생각이 났어요.

연습 Practice 관계있는 것을 연결해서 문장을 완성하십시오.
Connect the related ones and complete the sentence.

집에 돌아옵니다. •	• 오른쪽으로 가십시오.
똑바로 갑니다. •	• 재미없어서 나갔어요.
영화를 봅니다. •	• 빵을 샀습니다.

보기

집에 돌아오다가 빵을 샀습니다.

1. ______________다가 ______________.

2. ______________다가 ______________.

연습 Practice 대화를 완성하십시오.
Complete the conversation.

1. 가 : 무엇을 하다가 다리를 다쳤어요?

   나 : ______________다가 ______________.

2. 가 : 요즘도 중국어를 배우십니까?

   나 : 아니요, ______________다가 ______________.

036 | -더군요

용법 Usage 과거에 직접 경험하여 알게 된 사실을 지금 상대방에게 말할 때 쓴다.
It is used when the speaker is telling the other party about facts, which the speaker has learned through experience.

활용 형태 Forms of Utilization

-더군요 동사나 형용사 어간 뒤에 사용한다.
It is used after the verb or adjectival stem.

예 받**더군요**, 자**더군요**, 많**더군요**, 싸**더군요**

이더군요 명사 뒤에 사용한다.
It is used after the noun.

예 학생**이더군요**, 영화**이더군요**

-었더군요/았더군요/였더군요
과거나 완료를 나타낼 때 동사나 형용사 어간 뒤에 사용한다.
It is used after the verb or adjectival stem to express past or perfect tense.

예 먹**었더군요**, **왔더군요**, 공부**했더군요**, 적**었더군요**, 비**쌌더군요**, 한가**했더군요**

예문 Example

❶ 그 사람이 노래를 잘 부르더군요.
She/he sings very well!

❷ 월드컵 경기장이 정말 넓더군요.
World Cup stadium is really big!

❸ 어제 전화했을 때 통화중이더군요.
You were on the phone, when I called you yesterday.

❹ 교실에 가니까 학생들이 이미 집에 갔더군요.
When I went to the classroom, the students already went home.

연습 Practice **문장을 완성하십시오.**
Complete the sentence.

1. 지난 주말에 날씨가 아주 ________더군요. (맑다)
2. 어제 수영장에 갔는데 마이클 씨가 수영을 참 ________더군요. (잘 하다)

연습 Practice **대화를 완성하십시오.**
Complete the conversation.

1. 가 : 어제 본 영화가 어땠어요?

   나 : ________________________________더군요.

2. 가 : 지난 주 회의에 김 부장님이 오셨어요?

   나 : ________________________________더군요.

037 | -던

용법 Usage

과거의 완료되지 않은 동작이나 중단된 상태를 회상하면서 말할 때 쓴다. '-던'의 뒤에는 명사가 온다.

It is used when the speaker is telling as he/she recollects about either actions that hasn't been completed or states that has been interrupted. Nouns come after '-던'.

활용 형태 Forms of Utilization

-던

동사나 형용사 어간 뒤에 사용한다.

It is used after the verb or adjectival stem.

예 걷**던**, 보**던**, 많**던**, 착하**던**

예문 Example

❶ 읽던 책을 덮고 밖으로 나갔습니다.

I closed the book I was reading and went outside.

❷ 내가 마시던 커피가 어디에 있지?

Where is the coffee I was drinking?

❸ 조용하던 아이가 요즘 말이 많아졌어요.

The kid who used to be quiet has now become verbose.

참고 Note

과거의 습관적인 동작을 회상하며 말할 때도 쓴다.

It is also used when the speaker recollects and speaks about habitual actions of past.

- 이 노래는 웨이 씨가 자주 부르던 노래예요.
- 언니가 쓰던 사전을 제가 쓰고 있어요.

연습 Practice **한 문장으로 만드십시오.**
Combine the sentences into one.

1. 아이가 먹었습니다. 케이크를 엄마가 먹습니다.

➡ ______________ 던 ______________.

2. 형이 쳤습니다. 피아노를 제가 치고 있어요.

➡ ______________ 던 ______________.

연습 Practice **다음을 읽고 문장을 만드십시오.**
Read the text below and make a sentence.

> 진수는 제 초등학교 친구입니다.
>
> 진수의 집은 우리 집과 아주 가까워서 〈보기〉 우리는 날마다 같이 학교에 갔습니다.
>
> 수업이 끝나면 1. 자주 우리 집에 가서 함께 숙제를 했습니다.
>
> 또 2. 주말에 시간이 있을 때마다 운동장에서 축구도 하고 야구도 했습니다.

보기

진수는 초등학교 때 날마다 같이 학교에 가던 친구입니다.

1. 진수는 초등학교 때 자주 ______________ 던 친구입니다.
2. 진수는 초등학교 때 주말에 ______________ 던 친구입니다.

038 | 도

용법 Usage 이미 어떤 것이 포함되고 그 위에 더함의 뜻을 나타낼 때 쓴다.
It is used to express that something is already included and that another is added on top of that.

활용 형태 Forms of Utilization

도 명사 뒤에 사용한다.
It is used after the noun.
예 한국 사람**도**, 교과서**도**

예문 Example

❶ 시장에서 고기를 샀어요. 생선도 샀어요.
I bought meat, and also fish at the market place.

❷ 친구가 한국말을 배워요. 저도 한국말을 배워요.
My friend is learning Korean, and I am also learning Korean.

❸ 학교 앞 커피숍은 커피도 맛있고 분위기도 좋습니다.
The cafe in front of campus has delicious coffee, and the atmosphere is also nice.

참고 Note

'도'는 '이', '을'과 같이 쓰지 않지만 '에', '에서', '께서', '과' 등과는 같이 쓸 수 있다.
'도' can not be used with '이' or '을', but with '에', '에서', '께서' or '과'.

- 친구가 어제 저녁에 전화했어요. 오늘 아침에도 전화했어요.
- 생일에 아버지께서 선물을 주셨어요. 어머니께서도 선물을 주셨어요.

연습 Practice ( )을 채우십시오.
Fill in the blanks.

1. 김치찌개가 맛있어요. 냉면( ) 맛있어요.
2. 저는 학교에서 열심히 공부합니다. 집( ) 열심히 공부합니다.

연습 Practice 같은 의미가 되도록 문장을 바꾸십시오.
Change the sentences so that the sentences will have the same meaning.

1. 사과하고 배가 많습니다.

   ➡ 사과가 많습니다. ______________________.

2. 친구하고 제가 숙제를 합니다.

   ➡ 친구가 숙제를 합니다. ______________________.

문법 알아보기

ㄹ

039 | ㄹ 불규칙 용언

용법 Usage

ㄹ 불규칙 용언은 어간이 'ㄹ'로 끝나는 동사와 형용사(알다, 만들다, 썰다, 팔다 등)를 말한다. ㄹ 불규칙 용언은 뒤에 'ㄴ, ㅂ, ㅅ'으로 시작하는 어미가 오면 'ㄹ'이 없어진다. 그리고 ㄹ 불규칙 용언의 어간 뒤에는 '으'가 오지 않는다.

ㄹ irregular verbs and adjectives indicate verbs and adjectives that have a stems ending in 'ㄹ' (알다, 만들다, 썰다, 팔다, etc.). 'ㄹ'is dropped when an ending that starts with 'ㄴ, ㅂ, ㅅ' comes after ㄹ irregular verbs, and '으' cannot come after the stem of ㄹ irregular verbs.

활용 형태 Forms of Utilization

알다 + 습니다/ㅂ니다 → **압니다**
걸다 + 는데 → **거는데**
울다 + 으니까/니까 → **우니까**

예문 Example

❶ 어머니께서 맛있는 음식을 만드십니다.
My mother is making delicious dish.

❷ 소고기와 채소는 칼로 가늘게 써세요.
Please slice beef and vegetables.

❸ 집 근처 가게에서는 여러 가지 물건을 파는데 싸고 좋아요.
The store near my house sells various goods, and the goods are cheap and good.

꼭~ 알아두기

연습 Practice 빈칸을 채우십시오.
Fill in the blanks.

ㄹ 불규칙 용언	-어요/아요	-습니다/ㅂ니다	-는데, -은데/ㄴ데	-으세요/세요
살다				
팔다				
만들다				
놀다				
울다				
열다				
걸다				
길다				
멀다				

연습 Practice 대화를 완성하십시오.
Complete the conversation

1. 가 : 이 옷을 어디에 걸까요?

   나 : ______________________________으세요/세요. (옷걸이에 걸다)

2. 가 : 샤오밍 씨, 지금 어디에서 살아요?

   나 : __________________________습니다/ㅂ니다. (학교 기숙사에서 살다)

ㄹ

040 | 르 불규칙 용언

용법 Usage

르 불규칙 용언은 어간이 '르'로 끝나는 동사와 형용사(다르다, 부르다, 고르다, 빠르다, 서두르다 등)를 말한다. 르 불규칙 용언은 뒤에 모음으로 시작하는 어미가 오면 모음 'ㅡ'가 없어진다. 그리고 '르' 앞에 있는 음절에 받침 'ㄹ'이 생긴다.

르 irregular verbs and adjectives indicate the verbs and adjectives with a stem that ends in '르' (다르다, 부르다, 고르다, 빠르다, 서두르다, etc). 'ㅡ' is dropped from 르 irregular verbs when the following ending starts with vowels, and the syllable in front of '르' obtains final consonant 'ㄹ'.

활용 형태 Forms of Utilization

다르다 + -어요/아요 → **달라요**
부르다 + -어서/아서 → **불러서**

예문 Example

❶ 잘 듣고 맞는 답을 골라야 합니다.
You should choose an answer after listening carefully.

❷ 출근 시간에는 버스보다 지하철이 더 빨라요.
Taking subway is faster than bus during rush hour.

❸ 회의 시간이 얼마 남지 않았으니까 서둘러서 준비합시다.
Let's get prepared quick since there isn't much time left until the meeting.

연습 Practice 빈칸을 채우십시오.
Fill in the blanks.

르 불규칙 용언	-으니까/니까	-어요/아요	-었어요/았어요	-어서/아서
자르다				
마르다				
모르다				
고르다				
기르다				
흐르다				
서두르다				
게으르다				

연습 Practice 대화를 완성하십시오.
Complete the conversation.

1. 가 : 더 드세요.

   나 : 배가 ____________어서/아서 더 못 먹겠어요. (부르다)

2. 가 : 한국에 오기 전에 한국말을 배우셨어요?

   나 : 아니요, 처음 한국에 왔을 때는 한국말을 하나도 __________었어요/았어요. (모르다)

문법 알아보기

ㅁ

041 | 만

용법 Usage

어떤 것을 한정할 때 쓴다. 강조의 의미로도 사용된다.
It is used to restrict something, and can be also used to imply emphasis.

활용 형태 Forms of Utilization

만	명사나 일부 부사 뒤에 사용한다. It is used after the noun or few adverbs. 예 10분**만**, 친구**만**, 조금**만**, 잠시**만**

예문 Example

❶ 하루 종일 책만 읽었습니다.
I only read books the whole day.

❷ 모두 왔는데 웨이 씨만 안 왔어요.
Everybody is here, but Wei is not.

❸ 처리하는 동안 잠깐만 기다려 주십시오.
Please wait for a moment until I process.

참고 Note

'만'은 '이', '을'과 같이 쓰이지 않지만 '에', '에서', '까지', '에게' 등과는 같이 쓸 수 있다.
'만' can not be used with '이' and '을', but with '에', '에서' or '까지'.

- 오늘은 여기까지만 공부합시다.
- 그 사람은 회사 일에만 관심이 있어요.

연습 Practice (　　)을 채우십시오.
Fill in the blanks.

1. 주말에 잠(　　　　) 잤어요.
2. 다른 학생들은 모두 2학년인데 저(　　　　) 1학년이에요.

연습 Practice 대화를 완성하십시오.
Complete the conversation.

1. 가 : 예습도 했어요?

   나 : 아니요, ______________________________. (숙제)

2. 가 : 이 책은 어디에서 팔아요?

   나 : ______________________________. (학교 앞 서점)

042 | 만에

용법 Usage

동작이 일어나서 계속된 기간을 나타내거나 어떤 일이 일어난 후에 또 일어나기까지의 기간을 나타낼 때 쓴다.

It either expresses the period that continued from the point where the action took place or the period from the point where the action happened until the action happens again.

활용 형태 Forms of Utilization

만에 명사 뒤에 사용한다.
It is used after the noun.

예 1년 **만에**, 얼마 **만에**

예문 Example

❶ 소설을 쓰기 시작한 지 6개월 만에 완성했습니다.
I completed the novel in six months since I started writing it.

❷ 자동차를 고친 지 닷새 만에 또 고장이 났어요.
The car broke down again in five days since it was fixed.

❸ 오래간만에 선생님께 편지를 써서 보냈습니다.
I wrote a letter and sent it to the teacher in a long time.

연습 Practice 뜻이 같게 문장을 만드십시오.
Complete the sentence so that they will have the same meaning.

보기

한국에 2년 전에 왔습니다. 또 왔습니다.
→ 한국에 2년 만에 왔어요.

1. 고향 음식을 6개월 전에 먹었습니다. 오늘 또 먹었습니다.

   ➡ ____________________ 만에 ______________________________.

2. 집에 온 지 10분 됐습니다. 다시 밖으로 나갔습니다.

   ➡ ____________________ 만에 ______________________________.

연습 Practice 대화를 완성하십시오.
Complete the conversation.

1. 가 : 얼마 만에 가는 여행이에요?

   나 : ____.

2. 가 : ____?

   나 : 10년 만에 고등학교 동창을 만났어요.

ㅁ

꼭~ 알아두기

043 | 만큼

용법 Usage 앞에 오는 명사와 정도나 한도가 비슷함을 나타낼 때 쓴다.
It is used to express that the intensity or degree is similar to the noun in the front.

활용 형태 Forms of Utilization

만큼 명사 뒤에 사용한다.
It is used behind the noun.
예 고향**만큼**, 너**만큼**

예문 Example

❶ 동생이 형만큼 키가 컸다.
The younger brother was as tall as the older brother.

❷ 청바지만큼 편한 옷이 없어요.
There are no clothes as comfortable as jeans.

❸ 아이에게 독서만큼 중요한 것이 없습니다.
There is nothing as important as reading a book to kids.

연습 Practice 〈보기〉에서 알맞은 것을 골라 문장을 완성하십시오.
Please choose the right one from the box to complete the sentence.

보기

고기	하늘	어른

나는 너를 하늘만큼 사랑해.

1. 요즘 채소가 ________만큼 비싸요.
2. 그 아이는 밥을 ________만큼 많이 먹어요.

연습 Practice 대화를 완성하십시오.
Complete the conversation.

1. 가 : 어느 시간이 제일 재미있어요?

   나 : ____________________만큼 ____________________.

2. 가 : 여행한 곳 중에서 어디가 제일 아름다웠어요?

   나 : ____________________만큼 ____________________.

ㅁ

문법 알아보기

ㅂ

044 | ㅂ 불규칙 용언

용법 Usage

ㅂ 불규칙 용언은 어간이 'ㅂ'으로 끝나는 일부 동사와 형용사(덥다, 맵다, 싱겁다, 아름답다 등)를 말한다. ㅂ 불규칙 용언은 뒤에 모음으로 시작하는 어미가 오면 받침 'ㅂ'이 '우'나 '오'로 바뀐다.

ㅂ irregular verbs and adjectives indicate verbs and adjectives with a stem that ends with 'ㅂ' (덥다, 맵다, 싱겁다, 아름답다, etc.). 'ㅂ' of ㅂ irregular verbs changes to '우' or '오' when the ending that starts with vowels comes after ㅂ irregular verbs.

활용 형태 Forms of Utilization

덥다 + -어요/아요 → **더워요**

아름답다 + -으니까/니까 → **아름다우니까**

예문 Example

❶ 비빔밥은 좀 매워요.
Bibimbap is a little spicy.

❷ 지난주에는 날씨가 아주 추웠습니다.
The weather last week was very cold.

❸ 간을 보고 싱거우면 소금을 넣으세요.
If it tastes bland, add some salt to it.

참고 Note

1. '돕다'와 '곱다'는 뒤에 '어/아'로 시작하는 문형이 오면 받침 'ㅂ'이 '오'로 바뀐다.
If an expression that starts with '어/아' comes after '돕다' and '곱다', the final consonant 'ㅂ' is changed to '오'.

돕다 + -어요/아요 → **도와요**
곱다 + -어서/아서 → **고와서**

- 도와 주셔서 감사합니다.
- 한복 색깔이 정말 고와요.

2. 받침 'ㅂ'이 있지만 불규칙 용언이 아닌 동사도 있다. '입다', '잡다', '씹다', '뽑다', '좁다' 등은 ㅂ 불규칙 용언이 아니다.
There are verbs whose stem has final consonant 'ㅂ', but aren't irregular verbs. Verbs such as '입다', '잡다', '씹다', '뽑다', '좁다' etc. are not ㅂ irregular verbs.

- 한국에서는 설날에 한복을 입어요.
- 길이 미끄러우니까 제 손을 잡으세요.

연습 Practice 빈칸을 채우십시오.
Fill in the blanks.

ㅂ 불규칙 용언	-고	-어요/아요	-은/ㄴ	-으면/면
춥다				
맵다				
싱겁다				
어렵다				
쉽다				
고맙다				
돕다				
곱다				

연습 Practice 대화를 완성하십시오.
Complete the conversation

1. 가 : 한국어 공부가 재미있어요?

   나 : 네, 재미있지만 문법이 좀 ___________어요/아요. (어렵다)

2. 가 : 서울 레스토랑입니다. 무엇을 ___________어/아 드릴까요? (돕다)

   나 : 내일 저녁 예약을 하려고 합니다.

045 | 밖에

용법 Usage

어떤 것을 한정할 때 쓴다. 뒤에 부정을 나타내는 표현만 올 수 있다.
It is used to restrict something. Only the expressions with negativity can be used after the word.

활용 형태 Forms of Utilization

밖에	명사 뒤에 사용한다. It is used after nouns. 예 학생**밖에**, 고기**밖에**

예문 Example

❶ 저는 그 사람 이름밖에 몰라요.
I only know his/her name.

❷ 남은 것이 하나밖에 없어요.
I only have one left.

❸ 집에서 학교까지 10분밖에 안 걸려요.
It only takes 10 minutes from my home to school.

연습 Practice 맞는 것을 고르십시오.
Choose the right one

1. 주머니에 천 원밖에 없어요. ( )

   주머니에 천 원밖에 있어요. ( )

2. 저는 하루에 다섯 시간밖에 자요. ( )

   저는 하루에 다섯 시간밖에 안 자요. ( )

연습 Practice 대화를 완성하십시오.
Complete the conversation.

1. 가 : 어제 공부를 많이 했어요?

   나 : 아니요, ____________________밖에 ____________________.

2. 가 : 양복이 몇 벌이나 있어요?

   나 : ____________________밖에 ____________________.

046 | 보다

용법 Usage 비교의 대상을 나타낼 때 쓴다. 동일 범주의 대상을 비교할 때 쓴다.
It is used to express comparison, and it is used when comparing subjects of identical category.

활용 형태 Forms of Utilization

보다 명사 뒤에 사용한다.
It is used after nouns.

예 오늘**보다**, 영어**보다**

예문 Example

❶ 올해는 작년보다 비가 많이 온다.
It is raining more this year than last year.

❷ 저는 비빔밥보다 냉면을 더 좋아합니다.
I like Naengmyun more than Bibimbap.

❸ 출퇴근 시간에는 지하철이 버스보다 더 빠릅니다.
Taking subway is faster than bus during rush hour.

연습 Practice 다음을 보고 문장을 완성하십시오.
Complete the sentence referring to the boxes below.

1. [한국어] [영어]

저는 ____________보다 ________________.(재미있다)

2. [축구] [수영]

저는 ____________보다 ________________.(잘 하다)

연습 Practice 대화를 완성하십시오.
Complete the conversation.

1. 가 : 서울이 더워요? 고향이 더워요?

나 : ____________보다 ______________________.

2. 가 : 도시와 시골 중에서 어디를 더 좋아해요?

나 : ____________보다 ______________________.

ㅂ

047 | 부터

용법 Usage 동작의 순서에서 제일 먼저 할 일을 나타낼 때 쓴다.
It is used to show the action of an order and indicate what to do first.

활용 형태 Forms of Utilization

부터 명사 뒤에 사용한다.
It is used after nouns.
예 물**부터**, 세수**부터**

예문 Example

❶ 고향에 돌아가면 가족부터 만나고 싶습니다.
I would like to meet my family first when I go back to my hometown.

❷ 우선 숙제부터 하고 쉬세요.
Please rest after finishing homework first.

❸ 할 일이 많아서 뭐부터 해야 할지 모르겠어요.
Since I have so many things to do, I don't know what to start.

연습 Practice 다음을 보고 대화를 완성하십시오.
Complete the conversation referring to the boxes below.

1. | 빨래 | 청소 | 설거지 |

가 : 집안일을 할 때 무엇부터 하세요?

나 : ______________부터 ______________________.

2. | 인사동 | 경복궁 | 남산 |

가 : 서울에 가면 어디부터 구경하고 싶어요?

나 : ______________부터 ______________________.

연습 Practice 대화를 완성하십시오.
Complete the conversation.

1. 가 : 아침에 일어나면 무엇부터 하십니까?

나 : ______________________________________.

2. 가 : 방학을 하면 제일 먼저 무엇을 하고 싶어요?

나 : ______________________________________.

048 | 부터 까지

용법 Usage

'부터'는 어떤 범위의 시작점을 나타내고, '까지'는 어떤 범위의 끝을 나타낸다.
'부터' expresses starting point of certain range, '까지' expresses the end.

활용 형태 Forms of Utilization

부터 까지 명사 뒤에 사용한다.
It is used after the noun.

예 8시 반**부터** 10시 반**까지**, 1과**부터** 5과**까지**

예문 Example

❶ 9시부터 1시까지 수업이 있습니다.
I have classes from 9 a.m. to 1 p.m..

❷ 시험 범위는 37쪽부터 68쪽까지입니다.
The exam covers from page 37 to 69.

❸ 월요일부터 금요일까지 회사에서 일을 합니다.
I work at the office from Monday to Friday.

연습 Practice (　　)을 채우십시오.
Fill in the blanks.

1. 한국은 보통 6월(　　　　) 8월(　　　　) 여름이에요.
2. 언제(　　　　) 언제(　　　　) 일본에 계실 거예요?

연습 Practice 다음을 보고 대화를 완성하십시오.
Complete the conversation referring to below.

1.

14일	15일	16일
←	시험	→

가 : 며칠부터 며칠까지 시험입니까?

나 : ____.

2.

월요일	화요일	수요일	목요일
←	한국어 수업		→

가 : ____?

나 : ____.

ㅂ

문법 알아보기

ㅅ

049 | ㅅ 불규칙 용언

용법 Usage

ㅅ 불규칙 용언은 어간이 'ㅅ'으로 끝나는 일부 동사(낫다, 붓다, 젓다, 긋다 등)를 말한다. ㅅ 불규칙 용언은 뒤에 모음으로 시작하는 어미가 오면 받침 'ㅅ'이 없어진다.

ㅅ irregular verbs indicate verbs with a stem that ends in 'ㅅ'(낫다, 붓다, 젓다, 긋다, etc.). The final consonant 'ㅅ' is dropped when an ending that starts with vowels comes after ㅅ irregular verbs.

활용 형태 Forms of Utilization

낫다 + -어요/아요 → **나아요**

붓다 + -으면/면 → **부으면**

예문 Example

❶ 커피에 설탕을 넣고 잘 저으세요.
Please stir thoroughly after putting sugar in the coffee.

❷ 어제 다친 다리가 많이 부었습니다.
My leg I hurt yesterday is swollen a lot.

❸ 중요한 문법에는 밑줄을 그으십시오.
Please underline the important grammar.

참고 Note

받침 'ㅅ'이 있지만 불규칙 용언이 아닌 동사도 있다. '웃다', '벗다', '씻다', '빗다' 등은 ㅅ 불규칙 용언이 아니다.
There are verbs whose stem has final consonant 'ㅅ', and are not irregular verb. '웃다', '벗다', '씻다', and '빗다' are not 'ㅅ' irregular verb.

- 신발을 벗어서 신발장에 넣었어요.
- 이야기를 듣고 모두 크게 웃었습니다.

연습 Practice 빈칸을 채우십시오.
Fill in the blanks.

ㅅ 불규칙 용언	-고	-어서/아서	-으니까/니까	-었어요/았어요
젓다				
잇다				
긋다				
짓다				
*웃다				
*씻다				
*벗다				
*빗다				

연습 Practice 대화를 완성하십시오.
Complete the conversation.

1. 가 : 여기에도 건물을 짓는군요.

   나 : 네, 다 ______________으려면/려면 3년쯤 걸릴 거예요.(짓다)

2. 가 : 잡채는 어떻게 만들어요?

   나 : 우선 당근과 양파를 깨끗하게 ______________은/ㄴ 후에 가늘게 써세요. (씻다)

050 | −습니까?

용법 Usage

'−습니다'의 의문 형태로 정중하게 질문할 때 쓴다.
It is a question form of '−습니다', and is used to ask formally.

활용 형태 Forms of Utilization

−습니까? 자음으로 끝나는 동사나 형용사 어간 뒤에 사용한다.
It is used after the verb or adjectival stem that ends in consonants.

예 찾**습니까?**, 아름답**습니까?**

−ㅂ니까? 모음으로 끝나는 동사나 형용사 어간 뒤에 사용한다.
It is used after the verb or adjectival stem that ends in vowels.

예 **옵니까?**, 기**쁩니까?**

예문 Example

❶ 일주일에 책을 몇 권쯤 읽습니까?
How many books do you read in a week?

❷ 어느 것이 더 예쁩니까?
Which one is prettier?

❸ 주말에 보통 무엇을 합니까?
What do you usually do on weekends?

연습 Practice 맞는 것을 고르십시오.
Choose the right one.

1. 키가 (크습니까, 큽니까)?
2. 몇 시에 회의를 (시작하습니까, 시작합니까)?

연습 Practice 대화를 완성하십시오.
Complete the conversation.

1. 가 : ______________________________?

   나 : 네, 요즘 바쁩니다.

2. 가 : ______________________________?

   나 : 김 선생님께서 가르치십니다.

꼭~ 알아두기

051 | -습니다

용법 Usage 격식체 종결어미이다. 주로 윗사람이나 높임의 대상에게 쓴다.
It is a formal form of final ending. It is usually used to people of higher rank.

활용 형태 Forms of Utilization

-습니다 자음으로 끝나는 동사나 형용사 어간 뒤에 사용한다.
It is used after the verb or adjectival stem that ends in consonants.

예 앉**습니다**, 어렵**습니다**

-ㅂ니다 모음으로 끝나는 동사나 형용사 어간 뒤에 사용한다.
It is used after the verb or adjectival stem that ends in vowels.

예 **갑니다**, 예**쁩니다**

예문 Example

❶ 창문을 닦습니다.
I am wiping the window.

❷ 백화점 물건은 시장 물건보다 비쌉니다.
Products in department store are more expensive than those in marketplace.

❸ 아침마다 공원에서 운동을 합니다.
I exercise at the park every morning.

연습 Practice 맞는 것을 고르십시오.
Choose the right one.

1. 김치가 (맵습니다, 맵니다).
2. 수업이 끝나고 친구를 (만나습니다, 만납니다).

연습 Practice 대화를 완성하십시오.
Complete the conversation.

1. 가 : 어디에 갑니까?

   나 : ______________________________.

2. 가 : 숙제가 많습니까?

   나 : ______________________________.

문법 알아보기

ㅇ

052 | -어

용법 Usage

비격식체 종결어미이다. 주로 아랫사람이나 동급의 사람에게 쓰는데 아주 친한 윗사람에게도 쓸 수 있다.

It is an informal form of final ending. It can be usually used to people of lower or equal rank.

활용 형태 Forms of Utilization

-어

'ㅏ, ㅗ' 이외의 모음으로 끝나는 동사나 형용사의 어간 뒤에 사용한다.

It is used after the verb or adjectival stem that ends in vowels excluding 'ㅏ, ㅗ'.

예 찍**어**, 쉬**어**, 적**어**, 가늘**어**

-아

'ㅏ, ㅗ'로 끝나는 동사나 형용사의 어간 뒤에 사용한다.

It is used after the verb or adjectival stem that ends in 'ㅏ, ㅗ'.

예 찾**아**, 만**나**, 좋**아**, 비**싸**

-여

'하다'가 붙는 동사나 형용사의 어간 뒤에 사용한다. 주로 '하여'는 줄여서 '해'로 쓴다.

It is used after the stem of the verb or adjectives with '하다'. '하여' is usually used in a contracted form '해'.

예 공부**해**, 튼튼**해**

이야

자음으로 끝나는 명사 뒤에 사용한다.

It is used with the noun that ends in consonants.

예 학생**이야**

야

모음으로 끝나는 명사 뒤에 사용한다.

It is used with the noun that ends in vowels.

예 독서**야**

-었어/았어/였어

과거나 완료를 나타낼 때 동사나 형용사 어간 뒤에 사용한다.

It is used after verb or adjectival stem to express past or perfect tense.

예 만들**었어**, **갔어**, 수영**했어**, 흐**렸어**, 바**빴어**, 복잡**했어**

-겠어

미래나 추측을 나타낼 때 동사나 형용사 어간 뒤에 사용한다.

It is used after the verb or adjectival stem to express future tense or supposition.

예 읽**겠어**, 빌리**겠어**, 작**겠어**, 슬프**겠어**

예문 Example

❶ 나는 지금 공부하고 있어

I'm studying now.

❷ 그 옷가게에는 예쁜 옷이 많아.

There are many pretty clothes in that clothing store.

❸ 나는 한국 사람이야.

I am Korean.

❹ 왜 어제 학교에 안 왔어?

Why didn't you come to school yesterday?

❺ 나는 내일 집에서 쉬겠어.

I am going to rest at home tomorrow.

참고 Note

1. 상대방에게 질문할 때 쓸 수 있다.
It can be used to ask a question.
    - 지금 어디에 있어?
    - 무슨 음식을 좋아해?

2. 상대방에게 명령하거나 권유할 때 쓸 수 있다.
It can be used to order or suggest.
    - 너 먼저 가.
    - 고향에 돌아가서 연락해.

3. 상대방에게 함께 할 것을 제안할 때 쓸 수 있다.
It can be used to suggest another person to do something together.
    - 이번 주말에 같이 자전거를 타.
    - 내일 날씨가 좋으면 같이 축구를 해.

4. 일부 모음이 탈락되거나 축약된다.
Part of vowels can be either dropped or contracted.

탈락 (omission)	가	+	아	→	가
	서	+	어	→	서
	쓰	+	어	→	써
축약 (contraction)	오	+	아	→	와
	외우	+	어	→	외워
	가르치	+	어	→	가르쳐
	공부하	+	여	→	공부해

- 이 구두가 좋으니까 사.
- 나는 요즘 태권도를 배워.

연습 Practice 문장을 완성하십시오.
Complete the sentence.

1. 너무 매워서 ______________________________어/아/여. (먹을 수 없다)
2. 시끄러우니까 문을 ______________________________어/아/여. (닫다)

연습 Practice 대화를 완성하십시오.
Complete the conversation.

1. 가 : 어떤 사람이 좋아?

   나 : ______________________________________어/아/여.

2. 가 : 수업이 끝나고 어디에 갈까?

   나 : ______________________________________어/아/여.

053 | -어 가지고[1]

용법 Usage 앞뒤의 동작이 순차적으로 일어남을 나타내거나 앞의 동작을 바탕으로 뒤의 동작이 이루어짐을 나타낼 때 쓴다.
It is used to show that the two actions occurred in subsequent order or to show that the action in the end occurs based on the previous action.

활용 형태 Forms of Utilization

-어 가지고 'ㅏ, ㅗ' 이외의 모음으로 끝나는 동사의 어간 뒤에 사용한다.
It is used after the verb stem that ends in vowels excluding 'ㅏ, ㅗ'.

예 넣**어 가지고**, **써 가지고**

-아 가지고 'ㅏ, ㅗ'로 끝나는 동사의 어간 뒤에 사용한다.
It is used after the verb stem that ends 'ㅏ, ㅗ'.

예 잡**아 가지고**, **싸 가지고**

-여 가지고 '하다'가 붙는 동사의 어간 뒤에 사용한다. 주로 '하여'는 줄여서 '해'로 쓴다.
It is used after the stem of the verb or adjectives with '하다'. '하여' is usually used in a contracted form '해'.

예 공부**해 가지고**

예문 Example

❶ 채소를 씻어 가지고 냉장고에 넣으세요.
Please wash the vegetables and place them in the refrigerator.

❷ 한국에서는 집들이에 갈 때 세제를 사 가지고 가요.
In Korea, people buy detergents to a housewarming.

❸ 주말에 친구들을 초대해 가지고 파티를 할 거예요.
I am going to invite my friends and have a party with them on the weekend.

연습 Practice 한 문장으로 만드십시오.
Combine the sentences into one.

1. 배운 단어로 문장을 만듭니다. / 오세요.

   ➡ ____________________어/아/여 가지고 ____________________.

2. 은행에서 돈을 찾았습니다. / 등록금을 냈어요.

   ➡ ____________________어/아/여 가지고 ____________________.

연습 Practice 대화를 완성하십시오.
Complete the conversation.

1. 가 : 돈을 모아 가지고 무엇을 사고 싶어요?

   나 : ____________________어/아/여 가지고 ____________________.

2. 가 : 한국어를 배운 후에 뭘 하실 거예요?

   나 : ____________________어/아/여 가지고 ____________________.

054 | -어 가지고²

용법 Usage 앞의 동작이나 상태가 뒤의 동작이나 상태에 대한 이유를 나타낼 때 쓴다. 주로 말할 때 쓰인다.

It is used when the action or state of previous clause shows the reason for the following action or state, and it is usually used in spoken language.

활용 형태 Forms of Utilization

-어 가지고 'ㅏ, ㅗ' 이외의 모음으로 끝나는 동사나 형용사의 어간 뒤에 사용한다.
It is used after the verb or adjectival stem that ends in vowels excluding 'ㅏ, ㅗ'.

예 마**셔 가지고**, 적**어 가지고**

-아 가지고 'ㅏ, ㅗ'로 끝나는 동사나 형용사의 어간 뒤에 사용한다.
It is used after the verb or adjectival stem that ends in 'ㅏ, ㅗ'.

예 앉**아 가지고**, 바**빠 가지고**

-여 가지고 '하다'가 붙는 동사나 형용사의 어간 뒤에 사용한다. 주로 '하여'는 줄여서 '해'로 쓴다.
It is used after the stem of the verb or adjectives with '하다'. '하여' is usually used in a contracted form '해'.

예 운동**해 가지고**, 복잡**해 가지고**

예문 Example

❶ 그렇게 게을러 가지고 무슨 일을 하겠니?
What can you do when you are so lazy like that?

❷ 어제 잠을 못 자 가지고 피곤합니다.
I am tired because I didn't get any sleep last night.

❸ 열심히 일해 가지고 돈을 많이 모았습니다.
I saved a lot of money from working a lot.

연습 Practice 한 문장으로 만드십시오.
Combine the sentences into one.

1. 바람이 많이 붑니다. / 나무들이 쓰러졌습니다.

➡ ______________________어/아/여 가지고 ___________________________.

2. 언니와 얼굴이 비슷합니다./ 친구들이 자주 오해해요.

➡ ______________________어/아/여 가지고 ___________________________.

연습 Practice 대화를 완성하십시오.
Complete the conversation.

1. 가 : 집에 일찍 들어왔군요. 무슨 일이 있어요?

나 : ______________________________________어/아/여 가지고 일찍 왔어요.

2. 가 : 식중독에 걸렸다면서요?

나 : 네, _____________________________어/아/여 가지고 식중독에 걸렸어요.

055 | -어도

용법 Usage 앞의 내용으로 예상할 수 있는 일반적인 결과가 나타나지 않을 때 쓴다.
It is used when the outcome cannot be predicted from the content in the front.

활용 형태 Forms of Utilization

-어도
'ㅏ, ㅗ' 이외의 모음으로 끝나는 동사나 형용사의 어간 뒤에 사용한다.
It is used after the verb or adjectival stem that ends in vowels excluding 'ㅏ, ㅗ'.

예 먹**어도**, 피**워도**, 넓**어도**, 슬**퍼도**

-아도
'ㅏ, ㅗ'로 끝나는 동사나 형용사의 어간 뒤에 사용한다.
It is used after the verb or adjectival stem that ends in 'ㅏ, ㅗ'.

예 닦**아도**, 끝**나도**, 작**아도**, 바**빠도**

-여도
'하다'가 붙는 동사나 형용사의 어간 뒤에 사용한다. 주로 '하여'는 줄여서 '해'로 쓴다.
It is used after the stem of the verb or adjectives with '하다'. '하여' is usually used in a contracted form '해'.

예 공부**해도**, 조용**해도**

이어도
명사 뒤에 사용한다.
It is used behind the noun.

예 선생님**이어도**, 천재**이어도**

예문 Example

❶ 맛이 없어도 남기지 말고 다 드세요.
Please eat everything even if it isn't delicious.

❷ 약속시간이 1시간이 지나도 친구가 오지 않았어요.
My friend didn't show up even after an hour has passed from the appointment time.

❸ 아무리 많이 연습해도 발음이 좋아지지 않습니다.
My pronunciation is not getting better even if I practice.

❹ 똑똑한 사람이어도 이 문제는 풀지 못할 거예요.
Even a smart person cannot solve this problem.

연습 Practice 한 문장으로 만드십시오.
Combine the sentences into one.

1. 비가 옵니다. / 축구를 할 거예요.

➡ ____________________어도/아도/여도 ______________________________.

2. 술을 많이 마십니다. / 취하지 않아요.

➡ ____________________어도/아도/여도 ______________________________.

연습 Practice 대화를 완성하십시오.
Complete the conversation.

1. 가 : 택시로 가면 제 시간에 갈 수 있을까요?

나 : 아니요, ____________________어도/아도/여도 ________________________.

2. 가 : 이 옷이 너무 비싸지 않아요?

나 : 네, 하지만 ________________어도/아도/여도 ________________________.

056 | -어도 되다

용법 Usage 허락이나 허용을 나타낼 때 쓴다. 허락하거나 허용하지 않을 때는 '-으면 안 되다'를 쓴다.
It is used when one shows consent or permission. In case of not consenting or permitting, '-으면 안 되다' is used.

활용 형태 Forms of Utilization

-어도 되다 'ㅏ, ㅗ' 이외의 모음으로 끝나는 동사나 형용사의 어간 뒤에 사용한다.
It is used after the verb or adjectival stem that ends in vowels excluding 'ㅏ,ㅗ'.

예 읽**어도 되다**, 마**셔도 되다**, 늦**어도 되다**, **커도 되다**

-아도 되다 'ㅏ, ㅗ'로 끝나는 동사나 형용사의 어간 뒤에 사용한다.
It is used after the verb or adjectival stem that ends in 'ㅏ,ㅗ'.

예 앉**아도 되다**, 들어**와도 되다**, 많**아도 되다**, 바**빠도 되다**

-여도 되다 '하다'가 붙는 동사나 형용사의 어간 뒤에 사용한다. 주로 '하여'는 줄여서 '해'로 쓴다.
It is used after the stem of the verb or adjectives with '하다'. '하여' is usually used in a contracted form '해'.

예 출발**해도 되다**, 복잡**해도 되다**

이어도 되다 명사 뒤에 사용한다.
It is used behind the noun.

예 외국 사람**이어도 되다**, 아이**이어도 되다**

예문 Example

❶ 약속 시간에 조금 늦어도 돼요?
Can I be a little late to our arrangement?

❷ 교실에 들어가도 됩니다.
You may go into the classroom.

❸ 모르는 것이 있으면 언제든지 질문해도 돼요.
You may ask whenever you have questions.

❹ 아르바이트를 하고 싶은데요. 고등학생이어도 돼요?
I want to work part time job. Is it still okay if I'm a high school student?

참고 Note

'-어도 괜찮다', '-어도 좋다', '-어도 상관없다' 등의 형태로도 사용된다.
'-어도 괜찮다', '-어도 좋다', '-어도 상관없다' can be used instead.

- 가 : 밤 9시 이후에 전화해도 괜찮아요?
  나 : 그럼요. 밤 10시에 전화해도 상관없어요.
- 가 : 잘 생긴 남자를 좋아하세요?
  나 : 성격만 좋으면 잘 생기지 않아도 좋아요.

연습 Practice 문장을 완성하십시오.
Complete the sentence.

1. 여기에 ________________ 어도/아도/여도 돼요? (앉다)
2. 먼저 ________________ 어도/아도/여도 괜찮습니다. (퇴근하다)

연습 Practice 대화를 완성하십시오.
Complete the conversation.

1. 가 : ________________________________?
   나 : 그럼요, 한번 입어 보세요.
2. 가 : 신발을 신고 집에 들어가도 돼요?
   나 : 아니요, ________________________________.

057 | –어라

용법 Usage 격식체 반말로 아랫사람이나 친구와 같이 친한 사이에서 명령의 의미를 나타낼 때 쓴다.

It is a formal and plain form to show the imperative mood between close relationships with friends or people who are in lower rank than the speaker.

활용 형태 Forms of Utilization

–어라 'ㅏ, ㅗ' 이외의 모음으로 끝나는 동사의 어간 뒤에 사용한다.

It is used after the verb stem that ends in vowels excluding 'ㅏ,ㅗ'.

예 열**어라**, 쉬**어라**

–아라 'ㅏ, ㅗ'로 끝나는 동사의 어간 뒤에 사용한다.

It is used after the verb or stem that ends in 'ㅏ,ㅗ'.

예 닫**아라**, **가라**

–여라 '하다'가 붙는 동사의 어간 뒤에 사용한다. 주로 '하여'는 줄여서 '해'로 쓴다.

It is used after the stem of the verb with '하다'. '하여' is usually used in a contracted form '해'.

예 준비**해라**, 말**해라**

예문 Example

❶ 쌀쌀하니까 옷을 따뜻하게 입어라.

Wear warm clothes because it's chilly.

❷ 집에 밤 10시까지 들어와라.

Come back home by 10 p.m..

❸ 손님이 오시니까 깨끗하게 청소해라.

Clean the house since guests are coming.

참고 Note

'-어라'의 부정형은 '-지 마라'이다.
The negative form of '-어라' is '-지 마라'.

- 여기에 앉지 마라.
- 담배를 피우지 마라.

연습 Practice 빈칸을 채우십시오.
Fill in the blanks.

높임말	반말
〈보기〉 창문을 닫으십시오.	창문을 닫아라.
여기에 이름을 쓰십시오.	
열심히 공부하십시오.	
밖에 나가지 마십시오.	
다른 사람의 시험지를 보지 마십시오.	

연습 Practice 대화를 완성하십시오.
Complete the conversation.

1. 가 : 이 케이크를 먹어도 돼요?

   나 : 응, ______________________ 어라/아라/여라.

2. 가 : 할아버지, 텔레비전을 켤까요?

   나 : 아니, ______________________ 지 마라.

058 | –어 보다

용법 Usage 어떤 동작을 시도함을 나타낼 때 쓴다.
It is used to show the attempt of actions.

활용 형태 Forms of Utilization

–어 보다 ‘ㅏ, ㅗ’ 이외의 모음으로 끝나는 동사의 어간 뒤에 사용한다.
It is used after the verb stem that ends in vowels excluding ‘ㅏ, ㅗ’.

예 입**어 보다**, 배**워 보다**

–아 보다 ‘ㅏ, ㅗ’로 끝나는 동사의 어간 뒤에 사용한다.
It is used after the verb stem that ends in ‘ㅏ, ㅗ’.

예 만**나 보다**, **와 보다**

–여 보다 ‘하다’가 붙는 동사의 어간 뒤에 사용한다. 주로 ‘하여’는 줄여서 ‘해’로 쓴다.
It is used after the stem of the verb with ‘하다’. ‘하여’ is usually used in a contracted form ‘해’.

예 연습**해 보다**

예문 Example

❶ 이 옷이 손님에게 잘 어울릴 것 같은데 한번 입어 보세요.
I think this one will look good on you very well. Please try it on.

❷ 작년에 스키를 처음 타 봤는데 재미있었어요.
I skied at the ski resort last year for the first time and it was fun.

❸ 잘 할 수 있을지 모르겠지만, 제가 그 일을 한번 해 보겠습니다.
I don't know if I can do it well, but I will try it.

연습 Practice 문장을 완성하십시오.
Complete the conversation.

1. 이 문제에 대해서 같이 ____________________어/아/여 봅시다. (이야기하다)
2. 요즘 인기가 있는 구두입니다. 한번 ________________어/아/여 보세요. (신다)

연습 Practice 대화를 완성하십시오.
Complete the conversation.

1. 가 : 요즘 좀 우울해요.

   나 : 그럼 ________________________어/아/여 보세요. 기분이 좋아질 거예요.

2. 가 : 이 근처에 맛있는 식당이 있어요?

   나 : 글쎄요, 인터넷으로 한번 __________________________어/아/여 보세요.

059 | –어 보이다

용법 Usage 어떤 대상을 보고 생겨난 느낌이나 짐작을 나타낼 때 쓴다.
It is used to show the feeling or assumption after seeing an object.

활용 형태 Forms of Utilization

–어 보이다 'ㅏ, ㅗ' 이외의 모음으로 끝나는 형용사의 어간 뒤에 사용한다.
It is used after the adjectival stem that ends in vowels excluding 'ㅏ, ㅗ'.

예 적**어 보이다**, 커 **보이다**

–아 보이다 'ㅏ, ㅗ'로 끝나는 형용사의 어간 뒤에 사용한다.
It is used after the adjectival stem that ends in 'ㅏ, ㅗ'.

예 좋**아 보이다**, 비**싸 보이다**

–여 보이다 '하다'가 붙는 형용사의 어간 뒤에 사용한다. 주로 '하여'는 줄여서 '해'로 쓴다.
It is used after the stem of the adjective with '하다'. '하여' is usually used in a contracted form '해'.

예 행복**해 보이다**

예문 Example

❶ 밝은 색 옷을 입으니까 훨씬 젊어 보입니다.
You look much younger wearing bright clothes.

❷ 농구 선수 옆에 서 있어서 그런지 키가 작아 보여요.
You look short probably because you are standing next to basketball player.

❸ 처음 영수 씨를 봤을 때 아주 성실해 보였어요.
Young su looked very diligent when I first saw him.

연습 Practice 문장을 완성하십시오.
Complete the sentence.

1. 리에 씨, 머리를 자르니까 ____________어/아/여 보입니다. (어리다)
2. 언제 남자 친구가 ____________어/아/여 보여요? (멋있다)

연습 Practice 대화를 완성하십시오.
Complete the conversation.

1. 가 : 제가 만든 케이크예요. 한번 드셔 보세요.

   나 : 와, 정말 ____________어/아/여 보여요.

2. 가 : 무슨 일이 있어요? 아주 ____________어/아/여 보이는군요.

   나 : 네, 요즘 회사에 일이 많아서 밤늦게까지 일을 하고 있어요.

060 | –어서[1]

용법 Usage 동작을 시간 순서에 따라 연결할 때 쓴다.
It is used to connect actions in timely order.

활용 형태 Forms of Utilization

–어서 'ㅏ, ㅗ' 이외의 모음으로 끝나는 동사의 어간 뒤에 사용한다.
It is used after the verb stem that ends in vowels excluding 'ㅏ, ㅗ'.

예 씻**어서**, 빌**려서**

–아서 'ㅏ, ㅗ'로 끝나는 동사의 어간 뒤에 사용한다.
It is used after the verb stem that ends in 'ㅏ, ㅗ'.

예 앉**아서**, **와서**

–여서 '하다'가 붙는 동사의 어간 뒤에 사용한다. 주로 '하여'는 줄여서 '해'로 쓴다.
It is used after the stem of the verb with '하다'. '하여' is usually used in a contracted form '해'.

예 일**해서**

예문 Example

❶ 편지를 써서 부모님께 부쳤습니다.
I wrote a letter and sent it to my parents.

❷ 병원에 가서 진찰을 한번 받아 보세요.
Please go to a hospital and get a doctor check-up.

❸ 열심히 공부해서 좋은 대학교에 들어가고 싶습니다.
I want to study hard and get into a good university.

참고 Note

'-어서'는 단순하게 동작의 순서를 나타내는 '-고'에 비해 앞 뒤 동작의 관계가 긴밀한 경우에 사용한다.
Compare to '-고', which simply shows an order of actions, '-어서' is used when the relationship of two actions are very close.

- 친구와 만나서 영화를 봤어요. (친구를 만난 후에 그 친구와 영화를 봤다는 의미)
- 친구와 만나고 영화를 봤어요. (친구를 만난 후에 그 친구와 관계없이 영화를 봤다는 의미)

연습 Practice 한 문장으로 만드십시오.
Combine the sentences into one.

1. 불고기를 만들겠습니다. / 친구들과 먹겠습니다.

   ➡ ____________어서/아서/여서 ______________.

2. 학교에 왔습니다. / 수업을 들었습니다.

   ➡ ____________어서/아서/여서 ______________.

연습 Practice 대화를 완성하십시오.
Complete the conversation.

1. 가 : 밖에서 저녁을 먹고 들어갈까요?

   나 : 아니요, ____________어서/아서/여서 먹읍시다.

2. 가 : 남대문 시장에 어떻게 가요?

   나 : ____________어서/아서/여서 오른쪽으로 가세요.

061 | –어서²

용법 Usage 앞의 내용이 뒤의 내용에 대한 원인이나 이유를 나타낼 때 쓴다.
It is used to when the information in the previous clause shows a cause or reason about the following information.

활용 형태 Forms of Utilization

–어서 'ㅏ, ㅗ' 이외의 모음으로 끝나는 동사나 형용사의 어간 뒤에 사용한다.
It is used after the verb or adjectival stem that ends in vowels excluding 'ㅏ, ㅗ'.
예 먹**어서**, 기다**려서**, 넓**어서**, 예**뻐서**

–아서 'ㅏ, ㅗ'로 끝나는 동사나 형용사의 어간 뒤에 사용한다.
It is used after the verb or adjectival stem that ends in 'ㅏ, ㅗ'.
예 닫**아서**, **와서**, 좁**아서**, 비**싸서**

–여서 '하다'가 붙는 동사나 형용사의 어간 뒤에 사용한다. 주로 '하여'는 줄여서 '해'로 쓴다.
It is used after the stem of the verb or adjective with '하다'. '하여' is usually used in a contracted form '해'.
예 운동**해서**, 깨끗**해서**

이어서 명사 뒤에 사용한다.
It is used behind the noun.
예 선생님**이어서**, 부자**이어서**

예문 Example

❶ 약속이 있어서 먼저 가야겠어요.
I have to leave early for an appointment.

❷ 처음 뵙겠습니다. 만나서 반갑습니다.
How do you do? Nice to meet you.

❸ 이번 학기에 열심히 공부해서 장학금을 받았어요.
I studied hard this semester and received a scholarship

❹ 오늘은 일요일이어서 늦잠을 잤어요.
I slept in because today is Sunday.

참고 Note

이유를 나타내는 다른 표현으로 '-기 때문에'와 '-으니까¹'가 있다. '-어서²'와 '-기 때문에'는 청유문이나 명령문에서 쓸 수 없고 '-으니까¹'는 청유문이나 명령문에서 쓸 수 있다.

There are another expressions showing reasons such as '-기 때문에' and '-으니까¹'. '-어서²' and '-기 때문에' cannot be used in imperative or propositive sentences, but '-으니까¹' can be used in imperative or propositive sentences.

- 배가 고파서 식당에 갑시다. (×)
- 배가 고프니까 식당에 갑시다. (○)

연습 Practice 한 문장으로 만드십시오.
Combine the sentences into one.

1. 늦었습니다. / 죄송합니다.

   ➡ ____________ 어서/아서/여서 ____________.

2. 옷을 많이 입었습니다. / 춥지 않습니다.

   ➡ ____________ 어서/아서/여서 ____________.

연습 Practice 대화를 완성하십시오.
Complete the conversation.

1. 가 : 왜 그 식당에 자주 가세요?

   나 : ____________ 어서/아서/여서 ____________.

2. 가 : 오늘 왜 회사에 안 갔어요?

   나 : ____________ 어서/아서/여서 ____________.

062 | -어서 그런지

용법 Usage 원인이나 이유를 추측할 때 쓴다. 앞의 내용은 뒤의 내용에 대한 불확실한 원인이나 이유를 나타낸다.

It is used when one guesses a cause or reason. The information in the front clause express uncertain causes or reasons regarding the information in the following clause.

활용 형태 Forms of Utilization

-어서 그런지 'ㅏ, ㅗ' 이외의 모음으로 끝나는 동사나 형용사의 어간 뒤에 사용한다.
It is used after the verb or adjectival stem that ends in vowels excluding 'ㅏ, ㅗ'.

예 먹**어서 그런지**, 쉬**어서 그런지**, 멀**어서 그런지**, 예**뻐서 그런지**

-아서 그런지 'ㅏ, ㅗ'로 끝나는 동사나 형용사의 어간 뒤에 사용한다.
It is used after the verb or adjectival stem that ends in 'ㅏ, ㅗ'.

예 달**아서 그런지**, **봐서 그런지**, 작**아서 그런지**, 비**싸서 그런지**

-여서 그런지 '하다'가 붙는 동사나 형용사의 어간 뒤에 사용한다. 주로 '하여'는 줄여서 '해'로 쓴다.
It is used after the stem of the verb or adjective with '하다'. '하여' is usually used in a contracted form '해'.

예 일**해서 그런지**, 피곤**해서 그런지**

이어서 그런지 명사 뒤에 사용한다.
It is used behind the noun.

예 주말**이어서 그런지**, 막내**이어서 그런지**

예문 Example

❶ 감기에 걸려서 그런지 머리가 많이 아파요.
I have a bad headache, and it is probably because of the cold I'm having.

❷ 비가 와서 그런지 놀이 공원에 사람이 별로 없군요.
There are not many people in the amusement park, and it is probably because of the rain.

❸ 열심히 공부해서 그런지 이번 기말 시험은 아주 쉬웠다.
The final exam was very easy and it is probably because I studied hard.

❹ 그곳은 유명한 관광지이어서 그런지 관광객이 항상 많습니다.
That place is always filled with visitors it is probably because it is a popular tourist spot.

연습 Practice 다음을 보고 문장을 완성하십시오.
Complete the sentence referring to the boxes below.

1.

음식이 맛있다	아주머니가 친절하다	음식 값이 싸다

➡ 그 식당은 ____________어서/아서/여서 그런지 손님이 많아요.

2.

한국 친구가 많다	열심히 공부한다	한국에 오래 살았다

➡ 샤오밍 씨는 ____________어서/아서/여서 그런지 한국어를 잘 해요.

연습 Practice 대화를 완성하십시오.
Complete the conversation.

1. 가 : 왜 이렇게 길이 막힐까요?

   나 : ____________어서/아서/여서 그런지 교통이 복잡하군요.

2. 가 : 요즘 아주 건강해 보이세요.

   나 : ____________어서/아서/여서 그런지 전보다 건강해졌어요.

063 | -어야 하다

용법 Usage

어떤 일을 하거나 어떤 상황에 이르기 위한 필수적이거나 의무적인 동작 혹은 꼭 필요한 상태나 조건임을 나타낼 때 쓴다. '-어야 하다' 대신에 '-어야 되다'로 쓸 수도 있다.
It is used to show an action, state or condition that is needed in order to do something or reach certain situation. '-어야 되다' can be used instead of '-어야 하다'.

활용 형태 Forms of Utilization

-어야 하다 'ㅏ, ㅗ' 이외의 모음으로 끝나는 동사나 형용사의 어간 뒤에 사용한다.
It is used after the verb or adjectival stem that ends in vowels excluding 'ㅏ, ㅗ'.
예 입**어야 하다**, 쉬**어야 하다**, 적**어야 하다**, 예**뻐야 하다**

-아야 하다 'ㅏ, ㅗ'로 끝나는 동사나 형용사의 어간 뒤에 사용한다.
It is used after the verb or adjectival stem that ends in 'ㅏ, ㅗ'.
예 앉**아야 하다**, **사야 하다**, 좋**아야 하다**, **싸야 하다**

-여야 하다 '하다'가 붙는 동사나 형용사의 어간 뒤에 사용한다. 주로 '하여'는 줄여서 '해'로 쓴다.
It is used after the stem of the verb or adjective with '하다'. '하여' is usually used in a contracted form '해'.
예 복습**해야 하다**, 깨끗**해야 하다**

이어야 하다 명사 뒤에 사용한다.
It is used behind the noun.
예 대학생**이어야 하다**, 의사**이어야 하다**

예문 Example

❶ 해외여행을 하려면 여권이 있어야 합니다.
I need a passport to travel overseas.

❷ 장학금을 받으려면 시험을 잘 봐야 합니다.
I have to do good on the test to receive scholarship.

❸ 오늘은 할 일이 많아서 늦게까지 일해야 돼요.
I have to work late because I have many things to do today.

❹ 제 여자 친구는 미인이어야 합니다.
My girl friend has to be a beautiful person.

연습 Practice 문장을 완성하십시오.
Complete the sentence.

1. 가수는 노래를 잘 ______________________어야/아야/여야 합니다. (부르다)
2. 농구 선수가 되려면 ______________________어야/아야/여야 해요. (키가 크다)

연습 Practice 대화를 완성하십시오.
Complete the conversation.

1. 가 : 몇 시까지 도착해야 합니까?

   나 : ____.

2. 가 : 한국말을 잘 하려면 어떻게 해야 해요?

   나 : ____.

064 | -어요

용법 Usage 비격식체 종결 어미이다.
It is an informal form of final ending.

활용 형태 Forms of Utilization

-어요
'ㅏ, ㅗ' 이외의 모음으로 끝나는 동사나 형용사의 어간 뒤에 사용한다.
It is used after the verb or adjectival stem that ends in vowels excluding 'ㅏ, ㅗ'.

예 입**어요**, 바**꿔요**, 적**어요**, 예**뻐요**

-아요
'ㅏ, ㅗ'로 끝나는 동사나 형용사의 어간 뒤에 사용한다.
It is used after the verb or adjectival stem that ends in 'ㅏ, ㅗ'.

예 앉**아요**, 만**나요**, 맑**아요**, **싸요**

-여요
'하다'가 붙는 동사나 형용사의 어간 뒤에 사용한다. 주로 '하여'는 줄여서 '해'로 쓴다.
It is used after the stem of the verb or adjective with '하다'. '하여' is usually used in a contracted form '해'.

예 운동**해요**, 한가**해요**

이에요
자음으로 끝나는 명사 뒤에 사용한다.
It is used behind the noun that ends in consonants.

예 학생**이에요**

예요
모음으로 끝나는 명사 뒤에 사용한다.
It is used behind the noun that ends in vowels.

예 교과서**예요**

예문 Example

❶ 가을에는 사람들이 책을 많이 읽어요.
People read a lot during autumn.

❷ 날마다 학교에 갈 때 지하철을 타요.
I take subway train to school everyday.

❸ 주말에는 놀이공원이 아주 복잡해요.
Amusement park is very crowded during weekends.

❹ 이것은 우리 가족사진이에요.
This is my family picture.

❺ 경주는 한국의 유명한 유적지예요.
Kyong-ju is a famous Korean historic site.

참고 Note

1. 상대방에게 질문할 때 쓸 수 있다.
It can be used to ask a question.
- 어디에 살아요?
- 대학생이에요?

2. 상대방에게 명령하거나 권유를 할 때 쓸 수 있다.
It can be used to command or suggest.
- 여기에 앉아요.
- 지하철을 타고 가요.

3. 상대방에게 함께 할 것을 제안할 때 쓸 수 있다.
It can be used to suggest another person to join.
- 같이 들어가요.
- 내일 학교 앞에서 만나요.

4. 일부 모음이 탈락되거나 축약된다.
Part of vowels can be either dropped or contracted.

탈락 (omission)	가	+	아요	→	가요
	서	+	어요	→	서요
	쓰	+	어요	→	써요
축약 (contraction)	오	+	아요	→	와요
	배우	+	어요	→	배워요
	가르치	+	어요	→	가르쳐요
	공부하	+	여요	→	공부해요

- 텔레비전을 꺼요.
- 음악을 들으면서 친구를 기다려요.

ㅇ

연습 Practice **빈칸을 채우십시오.**
Fill in the blanks.

동사 / 형용사	–어요/아요/여요
타다	
앉다	
좋다	
주다	
크다	
마시다	
바쁘다	
일하다	
복잡하다	

연습 Practice **대화를 완성하십시오.**
Complet the conversation.

1. 가 : 내일 학교에 가요?

   나 : 네, ______________________어요/아요/여요.

2. 가 : 주말에 뭘 할까요?

   나 : ______________________어요/아요/여요.

065 | -어 있다

용법 Usage 어떤 동작이 끝난 후 그 상태가 지속됨을 나타낼 때 쓴다.
It is used to express the continuance of the state after certain action is finished.

활용 형태 Forms of Utilization

-어 있다 'ㅏ, ㅗ' 이외의 모음으로 끝나는 동사의 어간 뒤에 사용한다.
It is used after the verb stem that ends in vowels excluding 'ㅏ, ㅗ'.

예 붙**어 있다**, 걸**려 있다**

-아 있다 'ㅏ, ㅗ'로 끝나는 동사의 어간 뒤에 사용한다.
It is used after the verb stem that ends in 'ㅏ, ㅗ'.

예 앉**아 있다**, **가 있다**

-여 있다 '하다'가 붙는 동사의 어간 뒤에 사용한다. 주로 '하여'는 줄여서 '해'로 쓴다.
It is used after the stem of the verb with '하다'. '하여' is usually used in a contracted form '해'.

예 입원**해 있다**

예문 Example

❶ 가방 안에 책과 필통이 들어 있어요.
There is a book and a pencil case in the bag.

❷ 어렸을 때 기억이 모두 남아 있습니다.
My memories from childhood still remains.

❸ 집에 들어오니까 텔레비전이 켜져 있었어요.
The television was on when I got home.

연습 Practice 문장을 완성하십시오.
Complete the sentence.

1. 창문이 __________ 어/아/여 있어요. (닫히다)
2. 하루 종일 __________ 어/아/여 있어서 다리가 아파요. (서다)

연습 Practice 대화를 완성하십시오.
Complete the conversation.

1. 가 : 책상 위에 무엇이 놓여 있어요?

   나 : ______________________________.

2. 가 : 학교에 왔을 때 누가 와 있었어요?

   나 : ______________________________.

꼭~ 알아두기

066 | –어 주다

용법 Usage 다른 사람을 위해 어떤 행동을 할 때 쓴다.
It is used when someone does something for another person.

활용 형태 Forms of Utilization

–어 주다 'ㅏ, ㅗ' 이외의 모음으로 끝나는 동사의 어간 뒤에 사용한다.
It is used after the verb stem that ends in vowels excluding 'ㅏ, ㅗ'.

예 만들**어 주다**, **써 주다**

–아 주다 'ㅏ, ㅗ'로 끝나는 동사의 어간 뒤에 사용한다.
It is used after the verb stem that ends in 'ㅏ, ㅗ'.

예 닫**아 주다**, **가 주다**

–여 주다 '하다'가 붙는 동사의 어간 뒤에 사용한다. 주로 '하여'는 줄여서 '해'로 쓴다.
It is used after the stem of the verb with '하다'. '하여' is usually used in a contracted form '해'.

예 요리**해 주다**

예문 Example

❶ 더운데 창문 좀 열어 주세요.
Please open the window for me. It's hot in here.

❷ 친구가 나에게 점심을 사 줬다.
My friend bought me lunch.

❸ 가족들이 제 생일을 축하해 줬어요.
My family celebrated my birthday for me.

참고 Note

동작이 미치는 대상이 윗사람인 경우에는 '-어 드리다'를 쓴다.
In a case when the person who is influenced by the action is a is a higher person, '-어 드리다' is used.

- 부모님께 음식을 만들어 드렸어요.
- 할머니, 제가 가방을 들어 드릴게요.

연습 Practice 맞는 것을 고르십시오.
Choose the right one.

1. 아이에게 동화책을 읽어 (줬어요, 드렸어요).
2. 의사 선생님, 제 병을 고쳐 (주세요, 드리세요).

연습 Practice 대화를 완성하십시오.
Complete the conversation.

1. 가 : 일을 도와드릴까요?

   나 : 네, ______________________ 어/아/여 주세요.

2. 가 : 좀 비싸요. ______________________ 어/아/여 주세요.

   나 : 그럼 25,000원만 주세요.

067 | –어지다[1]

용법 Usage

어떤 상태로 변화함을 나타낸다.
It is used to express the change to certain state.

활용 형태 Forms of Utilization

–어지다

'ㅏ, ㅗ' 이외의 모음으로 끝나는 형용사의 어간 뒤에 사용한다.
It is used after the adjectival stem that ends in vowels excluding 'ㅏ, ㅗ'.

예 길**어지다**, 커**지다**

–아지다

'ㅏ, ㅗ'로 끝나는 형용사의 어간 뒤에 사용한다.
It is used after the adjectival stem that ends in 'ㅏ, ㅗ'.

예 많**아지다**, 싸**지다**

–여지다

'하다'가 붙는 형용사의 어간 뒤에 사용한다. 주로 '하여'는 줄여서 '해'로 쓴다.
It is used after the stem of the adjective with '하다'. '하여' is usually used in a contracted form '해'.

예 따뜻**해지다**

예문 Example

❶ 샤오밍 씨가 요즘 예뻐졌어요.
Xiaoming has gotten pretty these days.

❷ 휴가철이 되면 비행기 요금이 비싸져요.
Flight fare gets expensive during peak time.

❸ 두 사람이 같이 여행을 한 후에 더욱 친해졌어요.
Those two got closer after the trip together.

연습 Practice 관계있는 것을 연결해서 문장을 완성하십시오.
Connect the related ones to make a sentence.

감기약을 먹다 •	• 시원하다
창문을 열다 •	• 괜찮다
과일을 먹다 •	• 피부가 좋다

보기

감기약을 먹으면 괜찮아질 거예요.

1. 창문을 열면 ________________.
2. 과일을 먹으면 ________________.

연습 Practice 문장을 완성하십시오.
Complete the sentence.

1. 청소를 해서 교실이 ________어졌어요/아졌어요/여졌어요.
2. 컴퓨터를 많이 사용해서 그런지 눈이 ________어졌어요/아졌어요/어졌어요.

068 | –어지다[2]

용법 Usage

피동을 나타낼 때 쓴다.
It is used to express the passive.

활용 형태 Forms of Utilization

–어지다 'ㅏ, ㅗ' 이외의 모음으로 끝나는 동사의 어간 뒤에 사용한다.
It is used after the verb stem that ends in vowels excluding 'ㅏ, ㅗ'.

예 만들**어지다**, 꺼**지다**

–아지다 'ㅏ, ㅗ'로 끝나는 동사의 어간 뒤에 사용한다.
It is used after the verb stem that ends in 'ㅏ, ㅗ'.

예 삶**아지다**, 빠**지다**

예문 Example

❶ 이 지우개는 잘 지워집니다.
This eraser erases very easily.

❷ 거울이 쨍그랑 깨졌습니다.
The mirror was broken with a clink.

❸ 커피 잔을 떨어뜨려서 커피가 쏟아졌어요.
The coffee was spilled because I dropped the coffee mug.

참고 Note

'빼다'의 피동 형태는 '빠지다'이다.
The passive form of '빼다' is '빠지다'.

- 이런 얼룩은 잘 빠지니까 걱정하지 마세요.
- 요즘 열심히 운동을 해서 살이 빠졌습니다.

연습 Practice **〈보기〉와 같이 문장을 바꾸십시오.**
Change the sentence as it is shown in <보기>.

보기

전화를 끊었어요. ➡ 전화가 끊어졌어요.

1. 불을 켰어요. ➡ ________________________.
2. 종이를 찢었어요. ➡ ________________________.

연습 Practice **대화를 완성하십시오.**
Complete the conversation.

1. 가 : 왜 안 드세요?

   나 : 이가 ____________어져서/아져서 먹을 수가 없어요. (빼다)

2. 가 : 유럽 여행은 언제 가세요?

   나 : 다음 주말에 떠나요. 벌써부터 ________어져요/아져요. (기다리다)

069 | –어하다

용법 Usage

감정을 나타내는 형용사를 동사로 만들 때 쓴다. 주로 3인칭 주어의 문장에 쓰인다.
It is used to make an adjective expressing feelings to a verb. It is usually used in a sentence where the subject is third person.

활용 형태 Forms of Utilization

–어하다

'ㅏ, ㅗ' 이외의 모음으로 끝나는 형용사의 어간 뒤에 사용한다.
It is used after the adjectival stem that ends in vowels excluding 'ㅏ, ㅗ'.

예 싫**어하다**, 기**뻐하다**

–아하다

'ㅏ, ㅗ'로 끝나는 형용사의 어간 뒤에 사용한다.
It is used after the adjectival stem that ends in 'ㅏ, ㅗ'.

예 좋**아하다**, 아**파하다**

–여하다

'하다'가 붙는 형용사의 어간 뒤에 사용한다. 주로 '하여'는 줄여서 '해'로 쓴다.
It is used after the stem of the adjective with '하다'. '하여' is usually used in a contracted form '해'.

예 시원**해하다**

예문 Example

❶ 샤오밍 씨는 일이 많아서 힘들어해요.
Xiaoming is having a hard time because of heavy workload.

❷ 아이는 사탕을 받고 아주 좋아했습니다.
The kid was very happy after receiving a candy.

❸ 리에 씨는 약속시간에 늦어서 미안해했어요.
Li-ae was sorry she was late for the arrangement.

연습 Practice 맞는 것을 고르십시오.
Choose the right one.

1. 영수 씨는 고양이를 귀엽습니다. ( )

   영수 씨는 고양이를 귀여워합니다. ( )

2. 저는 고향 친구를 보고 싶어합니다. ( )

   언니는 고향 친구를 보고 싶어합니다. ( )

연습 Practice 대화를 완성하십시오.
Complete the conversation.

1. 가 : 방학에 어디에 가고 싶어요?

   나 : 저는 제주도에 가고 싶어요. 영수 씨도 ______________ 어해요/아해요/여해요.

2. 가 : 환영회는 재미있었어요?

   나 : 네, 아주 재미있었어요. 친구들도 모두 ______________ 어했어요/아했어요/여했어요.

꼭~ 알아두기

070 | -었-

용법 Usage

어떤 동작이나 상태가 이미 일어났음을 나타낼 때 쓴다.
It is used to express that an action or state has already occurred.

활용 형태 Forms of Utilization

-었-
'ㅏ, ㅗ' 이외의 모음으로 끝나는 동사나 형용사의 어간 뒤에 사용한다.
It is used after the verb or adjectival stem that ends in vowels excluding 'ㅏ, ㅗ'.

예 입**었**-, 빌**렸**-, 적**었**-, 예**뻤**-

-았-
'ㅏ, ㅗ'로 끝나는 동사나 형용사의 어간 뒤에 사용한다.
It is used after the verb or adjectival stem that ends in 'ㅏ, ㅗ'.

예 닫**았**-, 만**났**-, 좋**았**-, 나**빴**-

-였-
'하다'가 붙는 동사나 형용사의 어간 뒤에 사용한다. 주로 '하여'는 줄여서 '해'로 쓴다.
It is used after the stem of the verb or adjective with '하다'. '하여' is usually used in a contracted form '해'.

예 노래**했**-, 복잡**했**-

이었-
명사 뒤에 사용한다.
It is used behind the noun.

예 생일**이었**-, 가수**이었**-

예문 Example

❶ 친구들과 함께 저녁을 먹었어요.
I had dinner with my friends.

❷ 어제 밤에 머리가 많이 아팠다.
I had a bad headache last night.

❸ 지난 주말에 무엇을 했어요?
What did you do last weekend?

❹ 정말 즐거운 수학여행이었습니다.
It was a very pleasant school trip.

연습 Practice 문장을 완성하십시오.
Complete the sentence.

1. 어제는 날씨가 참 ________________었어요/았어요/였어요. (따뜻하다)

2. 지난 주 토요일에 명동에 ____________었어요/았어요/였어요. (가다)

연습 Practice 대화를 완성하십시오.
Complete the conversation.

1. 가 : 지난 주말에 무엇을 했어요?

   나 : ______________________________었어요/았어요/였어요.

2. 가 : 영화가 어땠어요?

   나 : ______________________________었어요/았어요/였어요.

071 | -었다가

용법 Usage

어떤 동작이 끝난 후에 다른 동작으로 바뀜을 나타낼 때 쓴다. 주로 반대의 의미로 쓸 수 있는 동사가 온다.
It is used to show a change of an action to another, and the two verb usually have opposite meanings.

활용 형태 Forms of Utilization

-었다가
'ㅏ, ㅗ' 이외의 모음으로 끝나는 동사의 어간 뒤에 사용한다.
It is used after the verb stem that ends in vowels excluding 'ㅏ, ㅗ'.
예 입**었다가**, **썼다가**

-았다가
'ㅏ, ㅗ'로 끝나는 동사의 어간 뒤에 사용한다.
It is used after the verb stem that ends in 'ㅏ, ㅗ'.
예 참**았다가**, **왔다가**

-였다가
'하다'가 붙는 동사의 어간 뒤에 사용한다. 주로 '하여'는 줄여서 '해'로 쓴다.
It is used after the stem of the verb with '하다'. '하여' is usually used in a contracted form '해'.
예 말**했다가**

예문 Example

❶ 창문을 열었다가 닫았습니다.
I opened and closed the window.

❷ 학교에 갔다가 오겠습니다.
I will be back after going to school.

❸ 친구하고 약속을 했다가 급한 일이 생겨서 취소했어요.
I had an appointment with my friend, but I had to cancel it for another urgency.

참고 Note

어떤 동작을 한 후에 의도하지 않은 동작이 이어질 때도 쓸 수 있다.
It can be also used when an unintended action follows after an action.

- 명동에 갔다가 초등학교 동창을 만났어요.
- 백화점에 갔다가 세일을 해서 옷을 샀어요.

연습 Practice 관계있는 것을 연결해서 문장을 완성하십시오.
Connect the related ones to make a sentence.

신발을 샀습니다. •	• 일어섰습니다.
의자에 앉았습니다. •	• 바꿨습니다.
텔레비전을 켰습니다. •	• 껐습니다.

보기

신발을 샀다가 바꿨습니다.

1. ______________ 었다가/았다가/였다가 ______________.

2. ______________ 었다가/았다가/였다가 ______________.

연습 Practice 대화를 완성하십시오.
Complete the conversation.

1. 가 : 방학에 어디에 갔다가 왔어요?

   나 : ______________________________.

2. 가 : 왜 버스를 탔다가 내렸어요?

   나 : ______________________________.

072 | –었던

용법 Usage

과거에 완료된 동작이나 상태를 회상하며 말할 때 쓴다. 과거의 시간을 나타내는 표현과 함께 쓰인다. '–었던'의 뒤에는 명사가 온다.

It is used when someone speaks as recollecting the action or state that was done in the past. It is used with an expression that shows the time in the past. Nouns come after '–었던'.

활용 형태 Forms of Utilization

–었던 'ㅏ, ㅗ' 이외의 모음으로 끝나는 동사나 형용사의 어간 뒤에 사용한다.
It is used after the verb or adjectival stem that ends in vowels excluding 'ㅏ, ㅗ'.

예 배**웠던**, 적**었던**

–았던 'ㅏ, ㅗ'로 끝나는 동사나 형용사의 어간 뒤에 사용한다.
It is used after the verb or adjectival stem that ends in 'ㅏ, ㅗ'.

예 앉**았던**, **쌌던**

–였던 '하다'가 붙는 동사나 형용사의 어간 뒤에 사용한다. 주로 '하여'는 줄여서 '해'로 쓴다.
It is used after the stem of the verb or adjective with '하다'. '하여' is usually used in a contracted form '해'.

예 말**했던**, 복잡**했던**

예문 Example

❶ 어렸을 때 예뻤던 아이가 지금은 아줌마가 다 되었구나.
The girl who used to be pretty has now become a middle-aged woman.

❷ 지난번에 갔던 식당에 갈까요?
Shall we go to the restaurant we went last time?

❸ 제가 초등학교에 다닐 때 사용했던 바이올린입니다.
This is the violin I've used when I was in elementary school.

연습 Practice 문장을 완성하십시오.
Complete the sentence.

1. 이 커피숍은 처음 여자 친구를 ____________________었던/았던/였던 곳입니다. (만나다)

2. 이 옷은 어머니가 30년 전에 ________________었던/았던/였던 웨딩드레스입니다. (입다)

연습 Practice 대화를 완성하십시오.
Complete the conversation.

1. 가 : 무슨 노래를 부를 거예요?

   나 : 지난번에 _________________________었던/았던/였던 _________________________.

2. 가 : 여행한 곳 중에서 어디가 제일 좋았어요?

   나 : 제일 _________________________었던/았던/였던 _____________________________.

073 | 에[1]

용법 Usage

사람이나 사물이 존재하거나 위치하는 곳을 나타낼 때 쓴다. 보통 뒤에는 위치나 존재를 나타내는 '있다, 없다, 많다, 적다' 등의 형용사나 '앉다, 놓다, 넣다, 쓰다' 등의 동사가 쓰인다.

It is used to express the place where a person or object is located or exists. Adjectives expressing location or existence such as '있다, 없다, 많다, 적다' or verbs such as '앉다, 놓다, 넣다, 쓰다' usually follow.

활용 형태 Forms of Utilization

에 명사 뒤에 사용한다.
It is used behind the noun.

예 집**에**, 의자**에**

예문 Example

❶ 저는 지금 교실에 있습니다.
I am now in a classroom.

❷ 옷가게에 예쁜 옷이 많아요.
There are many clothes in the clothing store.

❸ 가방 안에 교과서와 공책을 넣었어요.
I put textbooks and notebooks in the bag.

참고 Note

1. '에'는 위치나 존재를 나타내는 형용사나 동사와만 쓰이는 반면, '에서'는 모든 동사와 쓰인다.
While '에'is used with adjectives or verbs expressing location or existence, '에서' can be used with all kinds of verbs.
   - 놀이공원에 놀이기구를 탔어요. (×)
   - 놀이공원에서 놀이기구를 탔어요. (○)

2. 목적지를 나타낼 때도 쓴다. '가다, 오다, 다니다, 도착하다' 등의 '가다, 오다'류의 동사와 함께 쓰인다.
It can be also used to express destination, and is used with verbs such as '가다, 오다, 다니다, 도착하다'.
   - 한국말을 배우러 한국에 왔어요.
   - 저는 대학교에 다니고 동생은 고등학교에 다닙니다.

연습 Practice 다음 단어를 사용하여 문장을 만드십시오.
Make a sentence using following words.

1. 지갑 안 / 돈과 카드 / 있습니다.

➡ ______________________________.

2. 학생들 / 의자 / 앉습니다.

➡ ______________________________.

연습 Practice 대화를 완성하십시오.
Complete the conversation.

1. 가 : 버스에 사람이 많습니까?

나 : ______________________________.

2. 가 : 꽃병을 어디에 놓을까요?

나 : ______________________________.

074 | 에[2]

용법 Usage 어떤 동작이나 상태가 일어나는 시간이나 때를 나타낼 때 쓴다.
It is used to express when certain action or state takes place.

활용 형태 Forms of Utilization

에 명사 뒤에 사용한다.
It is used behind the noun.
예 오전**에**, 두 시**에**

예문 Example

❶ 우리 몇 시에 만날까요?
What time shall we meet?

❷ 평일에 열심히 공부하고 주말에 쉽니다.
I study hard during weekdays and relax on weekends.

❸ 친구는 그림 공부를 하러 1년 전에 프랑스로 갔다.
My friend left to France an year ago to study art.

참고 Note

'언제, 오늘, 내일, 모레' 등에는 '에'를 붙이지 않는다.
'에' is not attached to '언제, 오늘, 내일, 모레'.

- 마이클 씨, 언제 여행을 떠날 거예요? (O)
- 마이클 씨, 언제에 여행을 떠날 거예요? (X)

연습 Practice 문장을 완성하십시오.
Complete the sentence.

1. 지난 생일____ 선물을 많이 받았어요.
2. 주말____ 친구와 같이 영화를 볼 거예요.

연습 Practice 다음을 보고 대화를 완성하십시오.
Complete the conversation referring to following information.

1.

월요일	화요일	수요일

가 : 무슨 요일에 시험이 있어요?

나 : ________________________________.

2.

아침	점심	저녁

가 : 언제 운동을 해요?

나 : ________________________________.

075 | 에3

용법 Usage

값이나 셈 등의 단위에 쓰여 기준을 나타낼 때 쓴다.
It is used with units of value or calculation to express a standard.

활용 형태 Forms of Utilization

에
명사 뒤에 사용한다.
It is used behind the noun.
예 천 원**에**, 하루**에**

예문 Example

❶ 이 공책 한 권에 얼마예요?
How much is a notebook per volume?

❷ 저는 일주일에 두 번 수영을 배웁니다.
I have a swim lesson twice a week.

❸ 이 사과는 5개에 5,000원이고 저 사과는 5개에 8,000원입니다.
This apple is 5,000won for five, that apple is 8,000won for five.

연습 Practice 문장을 완성하십시오.
Complete the sentence.

1. 이 구두는 한 켤레______ 십만 원입니다.
2. 저는 한 달______ 한 번 영화를 봅니다.

연습 Practice 대화를 완성하십시오.
Complete the conversation.

1. 가 : 하루에 몇 시간쯤 공부해요?

   나 : ______________________________.

2. 가 : 얼마나 자주 영화를 보세요?

   나 : ______________________________.

076 | 에게

용법 Usage 어떤 동작의 영향을 받는 대상을 나타낼 때 쓴다. '한테'로 바꿔 쓸 수 있다.
It is used to express an object that is influenced by certain action. '한테'can be used instead.

활용 형태 Forms of Utilization

에게 명사 뒤에 사용한다.
It is used behind the noun.
예 동생**에게**, 친구**에게**

예문 Example

❶ 나는 친구들에게 이메일을 보냈다.
I sent out e-mails to my friends.

❷ 여자 친구에게 장미 100송이를 선물할 거예요.
I am going to give 100 roses to my girl friend.

❸ 아침에 강아지에게 무슨 음식을 줬습니까?
What kind of food did you give to the puppy in the morning?

참고 Note

1. 앞에 오는 명사가 사람이 아닐 경우에는 '에'를 쓴다.
'에' is used only when the noun in the front is not a person.
   - 회사에 이메일을 보냈다.
   - 극장에 전화를 걸어서 영화 시간을 물어 봤다.

2. 앞에 오는 명사가 윗사람일 경우에는 '께'를 쓴다.
'께' is used when the noun in the front is a person who is in higher rank.
   - 어제 일을 사장님께 말씀드렸다.
   - 어버이날에 부모님께 선물을 드립니다.

연습 Practice ( )을 채우십시오.
Fill in the blanks.

1. 나는 친구( ) 음식을 만들어 줬다.
2. 모르는 것이 있으면 선생님( ) 여쭤 보세요.

연습 Practice 대화를 완성하십시오.
Complete the conversation.

1. 가 : 누구에게 전화를 했어요?

   나 : ______________________________.

2. 가 : 남자친구에게 무엇을 선물하고 싶습니까?

   나 : ______________________________.

꼭~ 알아두기

077 | 에게서

용법 Usage

사람을 나타내는 명사와 함께 쓰여 어떤 동작이 시작되는 출발점을 나타낸다. '한테서'로 바꿔 쓸 수 있다.

Using with nouns expressing person, it expresses the starting point of certain action. '한테서' can be used instead.

활용 형태 Forms of Utilization

에게서 명사 뒤에 사용한다.
It is used behind the noun.

예 형**에게서**, 친구**에게서**

예문 Example

❶ 고등학교 동창에게서 전화가 왔어요.
I've got a call from my high school friend.

❷ 이 선물은 누구에게서 받은 거예요?
Who did you get this present from?

❸ 한국 친구에게서 태권도를 배워요.
I learn Tae Kwon Do from my Korean friend.

참고 Note

1. 앞에 오는 명사가 사람이 아닐 경우에는 '에서'를 쓴다.
'에서' is used when the noun in the front is not a person.
   - 사무실에서 전화가 왔어요.
   - 라디오에서 그 이야기를 들었어요.

2. 앞에 오는 명사가 윗사람일 경우에는 '께'를 쓴다.
'께' is used when the noun in the front is a person of higher rank.
   - 김 선생님께 한국말을 배웁니다.
   - 고향에 계시는 부모님께 편지가 왔어요.

연습 Practice 두 문장의 뜻이 같게 문장을 완성하십시오.
Complete the sentence so that the two sentences will have same meaning.

1. 친구가 저에게 꽃을 주었습니다.

→ ________________ 에게서 ________________________.

2. 언니가 저에게 옷을 빌려 주었습니다.

→ ________________ 에게서 ________________________.

연습 Practice 대화를 완성하십시오.
Complete the conversation.

1. 가 : 부모님께 선물을 받았어요?

나 : 네, ____.

2. 가 : 이 책을 누구에게서 빌렸어요?

나 : ____________________________________.(도서관)

꼭~ 알아두기

078 | 에다가

용법 Usage

명사 뒤에 쓰여 그 명사에 어떤 것이 부가됨을 나타낼 때 쓴다. 뒤에는 목적어를 가지는 동사만 올 수 있으며 '에', '에다'로 줄여 쓸 수 있다.

It is used behind a noun and expresses that certain thing is added to the noun. It can be used with a verb with an object, and it can be shortened to '에', '에다'.

활용 형태 Forms of Utilization

에다가 명사 뒤에 사용한다.
It is used behind the noun.
예 칠판**에다가**, 택시**에다가**

예문 Example

1. 가방에다가 교과서와 공책을 넣었어요.
   I put textbooks and notebooks in the bag.
2. 조금 전에 어디에다가 지갑을 놓았어요?
   Where did you put your wallet a little while ago?
3. 우선 시험지에다가 이름부터 쓰십시오.
   Please write your name on the test paper first

연습 Practice **관계있는 것을 연결해서 문장을 완성하십시오.**
Connect the related ones to make a sentence.

꽃병 •	• 사진을 붙이다
신청서 •	• 주소를 쓰다
편지봉투 •	• 꽃을 꽂다

보기

꽃병에다가 꽃을 꽂아요.

1. ______________에다가 ______________.

2. ______________에다가 ______________.

연습 Practice **대화를 완성하십시오.**
Complete the conversation.

1. 가 : 어디에 친구 전화번호를 적었어요?

   나 : ______________에다가 ______________.

2. 가 : 이 옷을 어떻게 할까요?

   나 : ______________에다가 ______________.

꼭~ 알아두기

079 | 에 대해서

용법 Usage

어떤 것을 대상으로 하여 뒤 동작이 이루어짐을 나타낼 때 쓴다. '에 대하여'로 바꿔 쓸 수 있다.

It is used to express that the following action is done by having the noun in the front as an object. It can be replaced with '에 대하여'.

활용 형태 Forms of Utilization

에 대해서 명사 뒤에 사용한다.
It is used behind the noun.
예 가족**에 대해서**, 문화**에 대해서**

예문 Example

❶ 선생님께서 기말 시험에 대해서 말씀하셨어요.
The teacher talked about the final exam.

❷ 한국 종교에 대해서 알아보려고 도서관에 갔어요.
I went to a library to research about the Korean religion.

❸ 저는 오늘 환경 문제에 대해서 발표하겠습니다.
I am going to announce about environmental issues today.

참고 Note

'에 대한'의 형태로 쓸 수 있다. 이 경우 뒤에 명사가 온다.
It can be used in '에 대한' form. In a case like this, noun comes behind.

- 숙박시설에 대한 보고서를 준비하고 있어요.
- 세계 경제에 대한 교수님의 의견을 듣고 싶습니다.

연습 Practice 다음을 보고 문장을 완성하십시오.
Complete the sentence referring to following.

1.

역사	정치	경제

➡ ______________에 대해서 공부하고 싶어요.

2.

우정	사랑	전쟁

➡ 그 소설은 ______________에 대한 이야기입니다.

연습 Practice 대화를 완성하십시오.
Complete the conversation.

1. 가 : 무엇에 대해서 알아보고 싶어요?

   나 : ______________________________.

2. 가 : 친구들과 만나면 무엇에 대해서 이야기해요?

   나 : ______________________________.

080 | 에 비해서

용법 Usage 비교의 대상을 나타낼 때 쓴다. '에 비하여'로 바꿔 쓸 수 있다.
It is used show a comparison, and can be replaced with '에 비하여'.

활용 형태 Forms of Utilization

에 비해서 명사 뒤에 사용한다.
It is used behind the noun.

예 값**에 비해서**, 영어**에 비해서**

예문 Example

❶ 올해는 작년에 비해서 비가 많이 오는군요.
It is raining a lot this year comparing to the year before.

❷ 시골은 도시에 비해서 조용하고 공기도 맑아요.
Countryside is quieter and has fresh air compared to city.

❸ 학생 수에 비해서 교실이 좁아서 불편합니다.
The classroom is small compared to the class size so it's inconvenient.

연습 Practice 다음 단어를 사용해서 문장을 만드십시오.
Make a sentence using follwing words.

1. 기말시험 / 중간시험 / 쉬웠어요.

➡ ______________________________.

2. 제 조카 / 나이 / 키가 커요.

➡ ______________________________.

연습 Practice 대화를 완성하십시오.
Complete the conversation.

1. 가 : 버스가 빠를까요? 지하철이 빠를까요?

나 : ______________________________.

2. 가 : 그 가게 물건이 어때요?

나 : ______________________________.

081 | 에서

용법 Usage 동작이 이루어지고 있는 장소를 나타날 때 쓴다.
It is used to show the location where the action is taking place.

활용 형태 Forms of Utilization

에서 명사 뒤에 사용한다.
It is used behind the noun.

예 운동장**에서**, 거리**에서**

예문 Example

❶ 도서관에서 책을 빌렸습니다.
I borrowed a book from the library.

❷ 아침에 버스에서 친구를 만났습니다.
I met a friend on the bus in the morning.

❸ 어디에서 점심을 먹어요?
Where do you eat lunch?

연습 Practice 관계있는 것을 연결해서 문장을 완성하십시오.
Connect the related ones to make a sentence.

서점 •	• 바다를 봤습니다.
은행 •	• 책을 삽니다.
제주도 •	• 돈을 찾습니다.

보기

서점에서 책을 삽니다.

1. ____________에서 ____________________.

2. ____________에서 ____________________.

연습 Practice 다음을 보고 대화를 완성하십시오.
Complete the conversation referring to following.

1.

학교	백화점	커피숍

가 : 어디에서 친구를 만나요?

나 : ______________________________.

2.

교실	집	도서관

가 : ______________________________?

나 : ______________________________.

082 | 에서 까지

용법 Usage '에서'는 출발점을 나타내고 '까지'는 도착점을 나타낸다.
'에서' expresses a starting point, and '까지' shows a destination.

활용 형태 Forms of Utilization

에서 까지 명사 뒤에 사용한다.
It is used behind the noun.

예 서울**에서** 부산**까지**, 회사**에서** 집**까지**

예문 Example

❶ 학교에서 집까지 10분 걸립니다.
It takes ten minutes from school to my house.

❷ 12시에서 1시까지 점심시간입니다.
12 to 1 is lunch time.

❸ 서울에서 뉴욕까지 비행기로 얼마나 걸립니까?
How long does it take from Seoul to New York by plane?

참고 Note

'에서 오다'의 형식으로도 쓰인다.
It can be used in '에서 오다' form.

- 어디에서 왔어요?
- 김 선생님은 한국에서 오셨어요.

꼭~ 알아두기

연습 Practice ( )을 채우십시오.
Fill in the blanks.

1. 집( ) 버스정류장( ) 얼마나 걸려요?
2. 한국( ) 일본( ) 배를 타고 갔어요.

연습 Practice 대화를 완성하십시오.
Complete the conversation.

1. 가 : ____________________? (학교 → 하숙집)

   나 : 버스로 20분쯤 걸려요.

2. 가 : ____________________? (지하철역 → 기숙사)

   나 : 걸어서 왔습니다.

083 | 으 불규칙 용언

용법 Usage

으 불규칙 용언은 어간이 '으'로 끝나는 동사와 형용사(아프다, 예쁘다, 쓰다, 고프다, 슬프다, 크다 등)를 말한다. 으 불규칙 용언은 뒤에 모음으로 시작하는 어미가 오면 모음 '으'가 없어진다.

으 irregular verbs and adjectives indicate verbs and adjectives with a stem that ends in '으'(아프다, 예쁘다, 쓰다, 고프다, 슬프다, 크다, etc). '으' is dropped when an ending that starts with vowels comes behind 으 irregular verbs.

활용 형태 Forms of Utilization

아프다 + -어요/아요 → **아파요**

예쁘다 + -어서/아서 → **예뻐서**

쓰다 + -었어요/았어요 → **썼어요**

예문 Example

❶ 아침을 굶어서 배가 고파요.
I am hungry because I skipped breakfast.

❷ 그 영화에서 주인공이 죽는 장면은 정말 슬펐어요.
The scene where the main character died in the movie was really sad.

❸ 어제 산 옷이 너무 커서 바꾸고 싶어요.
The clothes I bought yesterday is too big, so I want to exchange it.

연습 Practice 빈칸을 채우십시오.
Fill in the blanks.

으 불규칙 용언	-ㅂ니다	-어요/아요	-었어요/았어요	-어서/아서
바쁘다				
고프다				
나쁘다				
슬프다				
기쁘다				
크다				
끄다				

연습 Practice 대화를 완성하십시오.
Complete the conversation.

1. 가 : 요즘도 많이 바쁘세요?

   나 : 네, 회사에 일이 많아서 좀 ______________ 어요/아요.

2. 가 : 좀 추운데 에어컨을 ______________ 어/아 주세요.

   나 : 네, 알겠습니다.

꼭~ 알아두기

084 | -으니까[1]

용법 Usage 앞의 내용이 뒤의 내용에 대한 이유나 판단의 근거일 때 쓴다.
It is used when the information in the front clause is a reason or a basis for making a decision for the information in the following clause.

활용 형태 Forms of Utilization

-으니까 자음으로 끝나는 동사나 형용사의 어간 뒤에 사용한다.
It is used after the verb or adjectival stem that ends in consonants.
예 입**으니까**, 좋**으니까**

-니까 모음으로 끝나는 동사나 형용사의 어간 뒤에 사용한다.
It is used after the verb or adjectival stem that ends in vowels.
예 자**니까**, 피곤하**니까**

이니까 명사 뒤에 사용한다.
It is used behind the noun.
예 회사원**이니까**, 학교**이니까**

-었으니까/았으니까/였으니까
과거나 완료를 나타낼 때 동사나 형용사의 어간 뒤에 사용한다.
It is used after the verb or adjectival stem to express past or perfect tense.
예 쉬**었으니까**, 앉**았으니까**, 산책**했으니까**, 맛없**었으니까**, 많**았으니까**, 피곤**했으니까**

예문 Example

❶ 은행이 4시에 문을 닫으니까 빨리 가세요.
Please hurry up and go to the bank since they close at four o'clock.

❷ 이 옷이 너무 비싸니까 사지 마세요.
Please don't buy this clothes. It is too expensive.

❸ 저는 지금 학생이니까 돈이 별로 없습니다.
I don't have much money because I am a student.

❹ 그 영화는 전에 봤으니까 다른 영화를 봅시다.
I saw that movie last time so let's watch a different one.

참고 Note

이유를 나타내는 다른 표현으로 '-기 때문에'와 '-어서²'가 있다. '-으니까¹'는 청유문이나 명령문에서도 쓸 수 있지만, '-기 때문에'와 '-어서²'는 청유문이나 명령문에서는 쓸 수 없다.

There are other expression showing reasons such as '-기 때문에' and '-어서²'. '-으니까¹' can be used in propositive or imperative sentences, however, '-기 때문에' and '-어서²' cannot be used in either propositive or imperative sentences.

- 배가 고프니까 식당에 갑시다. (○)
- 배가 고파서 식당에 갑시다. (X)

연습 Practice **관계있는 것을 연결해서 문장을 완성하십시오.**
Connect the related ones to make a sentence.

날씨가 좋습니다. •	• 조용히 해라.
아버지께서 주무십니다. •	• 물 좀 주세요.
목이 마릅니다. •	• 밖에 나갈까요?

보기

날씨가 좋으니까 밖에 나갈까요?

1. ____________ 으니까/니까 ____________.
2. ____________ 으니까/니까 ____________.

연습 Practice **대화를 완성하십시오.**
Complete the conversation.

1. 가 : 어디에 갈까요?

   나 : ____________ 으니까/니까 ____________.

2. 가 : 버스를 탈까?

   나 : 아니, ____________ 으니까/니까 ____________.

085 | -으니까²

용법 Usage

앞의 동작을 한 결과로 뒤의 사실을 발견하게 되었을 때 쓴다.
It is used when facts in the following clause was learned as a result of doing the action in the previous clause.

활용 형태 Forms of Utilization

-으니까 자음으로 끝나는 동사의 어간 뒤에 사용한다.
It is used after the verb stem that ends in consonants.

예 입**으니까**

-니까 모음으로 끝나는 동사의 어간 뒤에 사용한다.
It is used after the verb stem that ends in vowels.

예 오**니까**

예문 Example

❶ 친구 손을 잡으니까 참 따뜻했어요.
It was very warm when I held my friend's hand.

❷ 아침에 일어나니까 7시였어요.
It was seven when I woke up in the morning.

❸ 버스에서 내리니까 친구가 버스정류장에서 나를 기다리고 있었다.
When I got off from the bus, my friend was waiting for me at the bus stop.

연습 Practice **관계있는 것을 연결해서 문장을 완성하십시오.**
Connect the related ones to make a sentence.

텔레비전을 켰어요. • —— • 뉴스를 하고 있었어요.

지갑을 열어 봤어요. • • 친구가 왔어요.

10분쯤 기다렸어요. • • 돈이 하나도 없었어요.

보기

텔레비전을 켜니까 뉴스를 하고 있었어요.

1. ______________ 으니까/니까 ______________.

2. ______________ 으니까/니까 ______________.

연습 Practice **대화를 완성하십시오.**
Complete the conversation.

가 : 어제 친구 집에 가니까 어땠어요?

나 : 1. ______________ 으니까/니까 ______________.

가 : 친구 여동생도 만났어요?

나 : 네, 만났어요.

가 : 친구 여동생을 만나 보니까 어땠어요?

나 : 2. ______________ 으니까/니까 ______________.

086 | -으라고 하다

용법 Usage

다른 사람이 명령하거나 부탁한 내용을 간접적으로 옮겨 말할 때 쓴다.
It is used when the speaker indirectly speaks of information that has been ordered or requested by someone else.

활용 형태 Forms of Utilization

-으라고 하다 자음으로 끝나는 동사 어간 뒤에 사용한다.
It is used after the verb stem that ends in consonants.

예 읽**으라고 하다**

-라고 하다 모음으로 끝나는 동사 어간 뒤에 사용한다.
It is used after the verb stem that ends in vowels.

예 쉬**라고 하다**

예문 Example

❶ 언니가 문을 닫으라고 해요.
My sister told me to close the window.

❷ 사장님께서 내일까지 이 일을 다 끝내라고 하셨어요.
My boss told me to finish this work by tomorrow.

❸ 부모님께서 밥 잘 먹고 열심히 공부하라고 하셨어요.
My Parents told me to eat good meals and study hard.

참고 Note

1. '-으라고 하다'의 부정형은 '-지 말라고 하다'이다.
The negative form of '-으라고 하다' is '-지 말라고 하다'.
- 선생님이 떠들지 말라고 하셨어요.
- 어머니가 늦게 들어오지 말라고 했어요.

2. '-어 주다'는 보통 '-어 달라고 하다'로 바뀌는데, 다른 사람을 위해서 할 경우에는 '-어 주라고 하다'로 쓴다.
'-어 주다' usually changes to '-어 달라고 하다', but '-어 주라고 하다' is used when the action has to be done for someone else.
- 미선 씨가 도와달라고 합니다.
- 미선 씨가 영수 씨를 도와주라고 합니다.

연습 Practice 빈칸을 채우십시오.
Fill in the blanks.

〈보기〉 어머니 : "손부터 씻어."	어머니께서 손부터 씻으라고 하십니다.
아버지 : "빨리 자라."	
친구 : "공책을 보여 줘."	
부모님 : "동생에게 영어를 가르쳐 줘라."	
선생님 : "결석하지 마세요."	

연습 Practice 대화를 완성하십시오.
Complete the conversation.

1. 가 : 웨이 씨가 몇 시까지 오라고 했어요?

   나 : ______________________________으라고/라고 했어요.

2. 가 : 방이 깨끗하군요.

   나 : 어머니가 ______________________으라고/라고 하셨어요.

087 | -으러

용법 Usage

이동하는 동작에 앞서 이동하는 목적을 나타낼 때 쓴다. '가다, 오다'류의 동사와 함께 쓰인다.

It is used to show purpose of a movement before the moving action. '가다, 오다' type of verb is used with the expression.

활용 형태 Forms of Utilization

-으러 자음으로 끝나는 동사 어간 뒤에 사용한다.
It is used after the verb stem that ends in consonants.
예 씻**으러**

-러 모음으로 끝나는 동사 어간 뒤에 사용한다.
It is used after the verb stem that ends in vowels.
예 마시**러**

예문 Example

❶ 비자를 받으러 대사관에 갔어요.
I went to the embassy to get a visa.

❷ 오후에 영화를 보러 극장에 갈 거예요.
I am going to the theater to see a movie in the afternoon.

❸ 쉬는 시간에 담배를 피우러 밖으로 나갔다.
I went outside during the break time to smoke a cigarette.

참고 Note

'-으러'는 '가다, 오다'류의 동사와만 쓰이고, '-으려고'는 모든 동사와 함께 쓸 수 있다.
'-으러' can be used with '가다, 오다' type of verb, and '-으려고' may be used with every verbs.

- 저는 집을 사러 돈을 모아요. (×)
- 저는 집을 사려고 돈을 모아요. (○)

연습 Practice 문장을 완성하십시오.
Complete the sentence.

1. 소포를 ____________________으러/러 우체국에 갔어요. (부치다)
2. 이따가 돈을 ____________________으러/러 은행에 갈 거예요. (찾다)

연습 Practice 이야기를 완성하십시오.
Complete the story.

나는 지금 한국에서 유학 생활을 하고 있다. 오늘도 아침에 한국말을 〈보기〉배우러 학교에 갔다. 한국말 수업이 재미있고 여러 나라 친구들도 사귈 수 있어서 좋다. 수업이 끝나고 점심을 1. ________________으러/러 학생식당에 갔다. 학생식당 음식은 값도 싸고 맛있다. 점심을 먹고 책을 2. ________________으러/러 도서관에 갔다. 도서관에서 숙제도 하고 인터넷도 한 후에 5시쯤 집에 돌아왔다.

088 | -으려고

용법 Usage

어떤 동작을 할 의도나 목적이 있음을 나타낼 때 쓴다. 명령문이나 청유문에는 쓸 수 없다.
It is used to show the intention or purpose to do an action. It cannot be used in imperative or propositive sentences.

활용 형태 Forms of Utilization

-으려고 자음으로 끝나는 동사의 어간 뒤에 사용한다.
It is used after the verb stem that ends in consonants.

예 받**으려고**

-려고 모음으로 끝나는 동사의 어간 뒤에 사용한다.
It is used after the verb stem that ends in vowels.

예 빌리**려고**

예문 Example

❶ 돈을 찾으려고 은행에 갔어요.
I went to the bank to withdraw money.

❷ 집을 사려고 돈을 모으고 있습니다.
I am saving up money to buy a house.

❸ 나는 교수가 되려고 열심히 공부한다.
I am studying hard to become a professor.

연습 Practice 맞는 것을 고르십시오.
Choose the right one.

1. 서점에 가려고 책을 사요. ( )

   책을 사려고 서점에 가요. ( )

2. 어제 순두부찌개를 먹으려고 한식집에 갔어요. ( )

   어제 순두부찌개를 먹었으려고 한식집에 갔어요. ( )

연습 Practice 대화를 완성하십시오.
Complete the conversation.

1. 가 : 왜 여권을 만들었어요?

   나 : ______________________ 으려고/려고 ______________________.

2. 가 : 왜 출입국관리사무소에 갔어요?

   나 : ______________________ 으려고/려고 ______________________.

089 | -으려고 하다

용법 Usage 어떤 동작을 할 마음이나 뜻이 있을 때 쓴다.
It is used when one intends to do certain action.

활용 형태 Forms of Utilization

-으려고 하다 자음으로 끝나는 동사의 어간 뒤에 사용한다.
It is used after the verb stem that ends in consonants.

예 읽**으려고 하다**

-려고 하다 모음으로 끝나는 동사의 어간 뒤에 사용한다.
It is used after the verb stem that ends in vowels.

예 쉬**려고 하다**

예문 Example

❶ 은행에 가서 돈을 찾으려고 합니다.
I intend to go to the bank and withdraw some money.

❷ 방학 때 친구들과 유럽으로 배낭여행을 가려고 해요.
I intend to go on a backpack trip to Europe with my friends during vacation.

❸ 나는 한국말을 배워 가지고 한국 회사에서 일하려고 한다.
I am going to learn Korean and work at a Korean company.

연습 Practice 문장을 완성하십시오.
Complete the sentence.

1. 저는 내일 오후에 ____________________으려고/려고 해요. (공원에서 자전거를 타다)
2. 주말에 친구를 만나서 ____________________으려고/려고 합니다. (같이 저녁을 먹다)

연습 Practice 대화를 완성하십시오.
Complete the conversation.

1. 가 : 왜 백화점에 가세요?

   나 : 내일이 친구 생일이어서 ______________________________으려고/려고 해요.

2. 가 : 친구가 다음 주에 고향에 돌아가요?

   나 : 네, 그래서 ____으려고/려고 해요.

꼭~ 알아두기

090 | –으려면

용법 Usage 어떤 일을 할 의도나 의향이 있는 경우를 가정할 때 쓴다.
It is used when one supposes a case with an intention or inclination to do something.

활용 형태 Forms of Utilization

–으려면 자음으로 끝나는 동사 어간 뒤에 사용한다.
It is used after the verb stem that ends in consonants.

예 받**으려면**

–려면 모음으로 끝나는 동사 어간 뒤에 사용한다.
It is used after the verb stem that ends in vowels.

예 일어나**려면**

예문 Example

❶ 좋은 성적을 받으려면 열심히 공부하세요.
Please study hard if you want to receive good grades.

❷ 그 약을 사려면 처방전이 있어야 합니다.
You need a prescription to get the medication.

❸ 비행기를 놓치지 않으려면 지금 출발해야 해요.
You have to leave now if you don't want to miss the flight.

연습 Practice 관계있는 것을 연결해서 문장을 완성하십시오.
Connect the related ones to make a sentence.

일찍 일어나다 •	• 학생증이 있어야 합니다.
돈을 찾다 •	• 비밀번호를 알아야 합니다.
책을 빌리다 •	• 일찍 자야 합니다.

보기

일찍 일어나려면 일찍 자야 합니다.

1. ____________________으려면/려면 ____________________.

2. ____________________으려면/려면 ____________________.

연습 Practice 대화를 완성하십시오.
Complete the conversation.

1. 가 : 옷을 싸게 사고 싶어요.

   나 : ____________________으려면/려면 ____________________.

2. 가 : 좋은 회사에 취직했으면 좋겠어요.

   나 : ____________________으려면/려면 ____________________.

091 | 으로[1]

용법 Usage

이동의 방향이나 목적지를 나타낼 때 쓴다. '가다, 오다' 류의 동사와 함께 쓰인다.
It is used to show the direction or destination of a movement. It is used with '가다, 오다' type of verbs.

활용 형태 Forms of Utilization

으로 자음으로 끝나는 명사 뒤에 사용한다.
It is used after the noun that ends in consonants.

예 아래층**으로**

로 모음으로 끝나는 명사 뒤에 사용한다.
It is used after the noun that ends in consonants.

예 여기**로**

예문 Example

❶ 사거리에서 오른쪽으로 가세요.
Please take a right at the four-way stop.

❷ 이번 휴가는 어디로 갈 거예요?
Where are you planning to go for this vacation?

❸ 수업이 끝나면 학생회관으로 오세요.
Please come to the student union after class.

참고 Note

'ㄹ' 받침으로 끝나는 명사 뒤에는 '로'를 사용한다.
'로' is used after the noun that ends with a final consonant 'ㄹ'.

- 지금 사무실로 오세요.
- 학생들이 모두 교실로 들어갔습니다.

연습 Practice 맞는 것을 고르십시오.
Choose the right one.

1. 내일 미국(으로, 로) 돌아가겠습니다.
2. 4시까지 도서관 열람실(으로, 로) 오세요.

연습 Practice 대화를 완성하십시오.
Complete the conversation.

1. 가 : 실례지만 화장실이 어디에 있어요?

   나 : 여기에서 ____________________ 으로/로 가세요.

2. 가 : 선생님께서 어디로 이사를 가셨어요?

   나 : ____________________ 으로/로 이사를 가셨어요.

092 | 으로²

용법 Usage

어떤 일의 도구나 수단, 방법 등을 나타낼 때 쓴다. 또한 어떤 물건의 재료를 나타낼 때도 쓴다.

It is used to indicate a tool or method. It is also used to show materials for certain object.

활용 형태 Forms of Utilization

으로 자음으로 끝나는 명사 뒤에 사용한다.
It is used behind the noun that ends in consonants.
예 콩**으로**

로 모음으로 끝나는 명사 뒤에 사용한다.
It is used behind the noun that ends in vowels.
예 영어**로**

예문 Example

❶ 한국 사람들은 숟가락과 젓가락으로 음식을 먹는다.
Korean people eat food with a spoon and chop sticks.

❷ 지금 시간이 없으니까 택시로 오세요.
There isn't much time so take a taxi to here.

❸ 삼계탕은 닭과 인삼으로 만든 음식이에요.
Samgyetang is a food made out of chicken and Ginseng.

참고 Note

1. 어떤 결과로 바뀌거나 변함을 나타낼 때 쓸 수 있다.
It can be used to show the change to a certain result.
   - 버스에서 지하철로 갈아타세요.
   - 은행에 가서 중국 돈을 한국 돈으로 바꿨습니다.

2. '으로 하다'의 형태로 쓰여 선택의 의미를 나타낸다.
It can be used as '으로 하다' form to express the meaning of selection.
   - 선물은 책으로 합시다.
   - 계산은 카드로 하겠습니다.

연습 Practice 관계있는 것을 연결해서 문장을 완성하십시오.
Connect the related ones to make a sentence.

자장면 •	• 인터넷 •	• 쓰십시오
한국말 •	• 젓가락 •	• 공부합니다
이름 •	• 연필 •	• 먹습니다

보기

자장면을 젓가락으로 먹습니다.

1. ________ 을/를 ________ 으로/로 ________________.

2. ________ 을/를 ________ 으로/로 ________________.

연습 Practice 대화를 완성하십시오.
Complete the conversation.

1. 가 : 이 빵은 무엇으로 만들었어요?

   나 : ____________ 으로/로 ________________.

2. 가 : 회사에 갈 때 어떻게 가요?

   나 : ____________ 으로/로 ________________.

꼭~ 알아두기

093 | -으면

용법 Usage

뒤의 내용에 대한 조건임을 나타낼 때 쓴다.
It is used to express that the information in the front clause is a condition to the information in the following clause.

활용 형태 Forms of Utilization

-으면 자음으로 끝나는 동사나 형용사의 어간 뒤에 사용한다.
It is used after the verb or adjectival stem that ends in consonants.

예 입**으면**, 없**으면**

-면 모음으로 끝나는 동사나 형용사의 어간 뒤에 사용한다.
It is used after the verb or adjectival stem that ends in vowels.

예 일하**면**, 예쁘**면**

예문 Example

❶ 저는 찬 음식을 많이 먹으면 배가 아파요.
I get a stomachache when I eat cold food.

❷ 열심히 공부하면 시험을 잘 볼 수 있을 거예요.
Will do good on your tests if you study hard.

❸ 저는 돈이 많으면 좋은 자동차를 사고 싶습니다.
If I have a lot of money, I want to buy a car.

참고 Note

'-었으면'의 형태로 쓰이면 앞의 완료된 상태가 뒤의 조건이 됨을 나타낸다. '-었으면 좋겠다'의 형태로 쓰여 바람을 나타내기도 한다.
When it is used as '-었으면' form, it expresses that the completed state in the front clause is the condition to the following information. It also expresses desire if it is used as '-었으면 좋겠다' form.

- 모두 모였으면 빨리 회의를 시작합시다.
- 올해 겨울은 따뜻했으면 좋겠습니다.

연습 Practice 문장을 완성하십시오.
Complete the sentence.

1. ____________으면/면 여행을 많이 하고 싶어요. (시간이 많다)
2. ____________으면/면 발음이 좋아질 수 있어요. (많이 연습하다)

연습 Practice 대화를 완성하십시오.
Complete the conversation.

1. 가 : 주말에 날씨가 좋으면 무엇을 할까요?

   나 : ____________으면/면 ____________.

2. 가 : 밤에 잠이 오지 않으면 어떻게 하세요?

   나 : ____________으면/면 ____________.

094 | –으면서

용법 Usage 어떤 동작을 하면서 동시에 다른 동작을 할 때 쓴다.
It is used when one does two actions at once.

활용 형태 Forms of Utilization

–으면서 자음으로 끝나는 동사 어간 뒤에 사용한다.
It is used after the verb stem that ends in consonants.
예 읽**으면서**

–면서 모음으로 끝나는 동사 어간 뒤에 사용한다.
It is used after the verb stem that ends in vowels.
예 청소하**면서**

예문 Example

❶ 저는 팝콘을 먹으면서 영화를 봤어요.
I watched a movie as I ate pop-corns.

❷ 여기에 있는 잡지나 책을 보면서 기다리세요.
Please look through books or a magazines while waiting here.

❸ 요즘은 춤을 추면서 노래하는 가수들이 많아요.
These days, there are a lot of singers who sing while dancing.

연습 Practice 문장을 완성하십시오.
Complete the sentence.

1. ______________ 으면서/면서 인사했어요. (웃다)
2. ______________ 으면서/면서 과자를 먹어요. (숙제하다)

연습 Practice 대화를 완성하십시오.
Complete the conversation.

1. 가 : 버스를 타고 오면서 무엇을 했어요?

   나 : ______________ 으면서/면서 ________________________.

2. 가 : 무엇을 하면서 청소를 해요?

   나 : ______________ 으면서/면서 ________________________.

095 | -으면 안 되다

용법 Usage 어떤 동작이나 상태에 대해 금지하거나 제한할 때 쓴다.
It is used to prohibit or restrict regarding certain action or state.

활용 형태 Forms of Utilization

-으면 안 되다 자음으로 끝나는 동사나 형용사 어간 뒤에 사용한다.
It is used after the verb or adjectival stem that ends in consonants.

예 입**으면 안 되다**, 좁**으면 안 되다**

-면 안 되다 모음으로 끝나는 동사나 형용사 어간 뒤에 사용한다.
It is used after the verb or adjectival stem that ends in vowels.

예 오**면 안 되다**, 크**면 안 되다**

이면 안 되다 명사 뒤에 사용한다.
It is used behind the noun.

예 학생**이면 안 되다**, 여자**이면 안 되다**

예문 Example

❶ 교실에서 담배를 피우면 안 됩니다.
You cannot smoke in a classroom.

❷ 농구 선수가 되려면 키가 너무 작으면 안 돼요.
You cannot be too short if you want to become a basketball player.

❸ 이 영화 관람은 19세 이하이면 안 됩니다.
This movie cannot be watched by nineteen and under.

참고 Note

반드시 해야 하는 일일 때는 '-지 않으면 안 되다'를 쓴다.
When it is something that has to be done, '-지 않으면 안 되다' is used.

- 수술을 받지 않으면 안 됩니다.
- 날마다 숙제를 하지 않으면 안 돼요.

연습 Practice 두 문장의 뜻이 같게 바꾸십시오.
Change the sentences so that two sentences will have same meaning.

1. 학교 도서관에 들어가려면 학생증이 필요합니다.

   ➡ 학교 도서관에 들어가려면 ______________________ 으면/면 안 돼요.

2. 담배를 끊어야 합니다.

   ➡ 담배를 ______________________________ 으면/면 안 돼요.

연습 Practice 대화를 완성하십시오.
Complete the conversation.

1. 가 : 시험시간에 사전을 봐도 돼요?

   나 : 아니요, ____.

2. 가 : 결혼식에 갈 때 청바지를 입어도 돼요?

   나 : ____.

096 | -으세요

용법 Usage

비격식체 표현으로 문장의 주어를 높이는 뜻을 나타낸다. 높이는 대상 뒤에는 보통 '께서'를 붙인다.

It is an informal form of expression to express higher status of the subject of the sentence. '께서' is usually used behind the subject.

활용 형태 Forms of Utilization

-으세요 자음으로 끝나는 동사나 형용사 어간 뒤에 사용한다.
It is used after the verb or adjectival stem that ends in consonants.

예 닫**으세요**, 괜찮**으세요**

-세요 모음으로 끝나는 동사나 형용사 어간 뒤에 사용한다.
It is used after the verb or adjectival stem that ends in vowels.

예 오**세요**, 한가하**세요**

이세요 명사 뒤에 사용한다.
It is used behind the noun.

예 사장님**이세요**, 할아버지**이세요**

예문 Example

❶ 사장님께서 웨이 씨를 찾으세요.
The boss is looking for Wei.

❷ 아버지께서 지금 바쁘세요.
My father is busy right now.

❹ 이분은 우리 선생님이세요.
This is my teacher.

참고 Note

1. 문장의 주어를 높이면서 상대방에게 질문할 때 쓸 수 있다.
It can be used when one asks a question to a person as making the subject of the sentence honorifical.
   - 무엇을 읽으세요?
   - 어디에 가세요?

2. 높임의 대상인 상대방에게 명령하거나 권유할 때 쓸 수 있다.
It can be used to command or make a suggestion to a person whom the honorific is used to.
   - 먼저 타세요.
   - 여기서 잠깐만 기다리세요.

연습 Practice 문장을 완성하십시오.
Complete the sentence.

1. 우리 어머니는 음식 솜씨가 아주 ______________으세요/세요.(좋다)
2. 선생님께서 한국말을 잘 ______________으세요/세요.(가르치다)

연습 Practice 대화를 완성하십시오.
Complete the conversation.

1. 가 : 손님, 뭘 드릴까요?

   나 : ______________________으세요/세요.

2. 가 : 어디에 가세요?

   나 : ______________________.

097 | -으시-

용법 Usage

문장의 주어를 높이는 뜻을 나타낸다. 높이는 대상 뒤에는 보통 '께서'를 붙인다.
It is an honorific form to express higher status of the subject, and '께서' is usually used next to the subject who is being spoken highly of.

활용 형태 Forms of Utilization

-으시-
자음으로 끝나는 동사나 형용사 어간 뒤에 사용한다.
It is used after the verb or adjectival stem that ends in consonants.
예 찾**으시-**, 좋**으시-**

-시-
모음으로 끝나는 동사나 형용사 어간 뒤에 사용한다.
It is used after the verb or adjectival stem that ends in vowels.
예 가**시-**, 친절하**시-**

이시-
명사 뒤에 사용한다.
It is used behind the noun.
예 선생님**이시-**, 할머니**이시-**

예문 Example

❶ 할머니께서 문을 닫으셨어요.
The grandmother closed the door.

❷ 요즘 바쁘십니까?
Are you busy these days?

❸ 오른쪽에 계신 분이 고모님이십니다.
The person on the right is my aunt.

참고 Note

일부 동사는 다른 형태로 존대를 나타낸다.
Few verbs express honorifics in different forms.

자다 → 주무시다	있다 → 계시다
말하다 → 말씀하시다	먹다 → 잡수시다/드시다

- 할아버지께서 주무십니다.
- 부모님께서 고향에 계십니다.
- 선생님께서 말씀하십니다.
- 식기 전에 많이 잡수세요.

연습 Practice 문장을 완성하십시오.
Complete the sentence.

1. 어머니께서 지금 ______________________으십니다/십니다. (들어오다)
2. 부장님께서 점심을 ______________________으십니다/십니다. (먹다)

연습 Practice 대회를 완성하십시오.
Complete the conversation.

1. 가 : 아버지께서 신문을 보십니까?

   나 : 네, ____.

2. 가 : 김 교수님께서 어디에 계세요?

   나 : ____.

098 | -으십시오

용법 Usage

격식체 표현으로 높임의 대상인 상대방에게 정중하게 명령하거나 권유할 때 쓴다.
It is a formal form to command or make a suggestion to a person who is in a higher rank.

활용 형태 Forms of Utilization

-으십시오 자음으로 끝나는 동사 어간 뒤에 사용한다.
It is used after the verb stem that ends in consonants.

예 찾**으십시오**

-십시오 모음으로 끝나는 동사 어간 뒤에 사용한다.
It is used after the verb stem that ends in vowels.

예 오**십시오**

예문 Example

❶ 여기에 앉으십시오.
Please sit here.

❷ 안녕히 가십시오.
Good bye.

❸ 시간이 없으니까 빨리 하십시오.
Please hurry up because there isn't much time left.

연습 Practice 문장을 완성하십시오.
Complete the sentence.

1. 듣고 ______________________으십시오/십시오. (따라하다)

2. 추우니까 옷을 많이 _______________으십시오/십시오. (입다)

연습 Practice 대화를 완성하십시오.
Complete the conversation.

1. 가 : 제가 책을 읽을까요?

   나 : 네, ____.

2. 가 : 제가 뭘 준비할까요?

   나 : ____.

꼭~ 알아두기

099 | 은

용법 Usage

어떤 대상이 주제임을 나타낼 때 쓴다. 또한 어떤 대상이 다른 대상과 대비됨을 나타낼 때 쓴다.

It is used to express that certain object is the topic of the sentence, and it is also used to express that an object is being compared to another.

활용 형태 Forms of Utilization

은

자음으로 끝나는 명사 뒤에 사용한다.
It is used behind the noun that ends in consonants.

예 이것**은**

는

모음으로 끝나는 명사 뒤에 사용한다.
It is used behind the noun that ends in vowels.

예 우리**는**

예문 Example

❶ 서울은 한국의 수도입니다.
Seoul is the capital of Korea.

❷ 웨이 씨는 중국 사람입니다.
Wei is Chinese.

❸ 형은 회사원이고 동생은 학생이에요.
My older brother works for a company, and my little brother/sister is a student.

연습 Practice 맞는 것을 고르십시오.
Choose the right one.

1. 제 고향(은, 는) 부산이에요.

2. 어제(은, 는) 비가 많이 왔는데 오늘(은, 는) 날씨가 아주 맑군요.

연습 Practice 이야기를 완성하십시오.
Complete the story.

> 처음 뵙겠습니다.
>
> 제 이름〈보기〉은 김영수입니다.
>
> 저 1. ______ 한국에서 왔습니다. 직업 2. ______ 회사원입니다.
>
> 만나서 반갑습니다.

100 | –은 적이 있다/없다

용법 Usage

과거에 경험한 일이 있을 때 쓴다. 과거에 경험한 일이 없을 때는 '–은 적이 없다'로 쓴다. '–은 적이 있다/없다'는 '–은 일이 있다/없다'로 바꿔 쓸 수 있다.

It is used to express past experiences, and '–은 적이 없다' is used to express that there was no experience. '–은 적이 있다/없다' can be replaced with '–은 일이 있다/없다'.

활용 형태 Forms of Utilization

–은 적이 있다/없다

자음으로 끝나는 동사 어간 뒤에 사용한다.

It is used after the verb stem that ends in consonants.

예 읽**은 적이 있다**

–ㄴ 적이 있다/없다

모음으로 끝나는 동사 어간 뒤에 사용한다.

It is used after the verb stem that ends in vowels.

예 마**신 적이 없다**

예문 Example

❶ 노래 대회에서 상을 받은 적이 있습니다.
I have received an award from a singing contest before.

❷ 초등학교 때 병원에 입원한 적이 있어요.
I have been hospitalized when I was in elementary school.

❸ 외국에서 길을 잃어버린 적이 있어요?
Have you been lost in a foreign country before?

연습 Practice 문장을 완성하십시오.
Complete the sentence.

1. 5년 전에 태권도를 ______________________ 은/ㄴ 적이 있어요.(배우다)
2. 한국 음식을 ______________________ 은/ㄴ 적이 있습니다.(먹다)

연습 Practice 표를 보고 〈보기〉와 같이 대화를 완성하십시오.
Complete the conversation as it is shown in <보기> referring to the table below.

경험	네	아니요
한복을 입어 봤어요.	∨	
버스를 잘못 탔어요.	∨	
아르바이트를 했어요.		∨

보기

가 : 한복을 입어 본 적이 있어요?
나 : 네, 한복을 입어 본 적이 있어요.

1. 가 : ______________________ 은/ㄴ 적이 있어요?
   나 : 네, ______________________.
2. 가 : ______________________ 은/ㄴ 적이 있습니까?
   나 : 아니요, ______________________.

101 | –은 지

용법 Usage

어떤 일을 한 후 시간이 얼마나 지났는지를 나타낼 때 쓴다.
It is used to express how much time has passed since something was done.

활용 형태 Forms of Utilization

–은 지 자음으로 끝나는 동사 어간 뒤에 사용한다.
It is used after the verb stem that ends in consonants.

예 먹**은 지**

–ㄴ 지 모음으로 끝나는 동사 어간 뒤에 사용한다.
It is used after the verb stem that ends in vowels.

예 운전**한 지**

예문 Example

❶ 그 소설책을 읽은 지 너무 오래됐어요.
It has been a long time since I read the novel.

❷ 한국에 온 지 5년쯤 돼서 이제는 한국생활에 많이 익숙해졌어요.
It has been five years since I came to Korea so I am very much used to Korean life now.

❸ 대학교를 졸업한 게 엊그제 같은데 졸업한 지 벌써 10년이 됐어요.
It seems like it hasn't been long ago since I graduated from college, but it has been ten years already.

연습 Practice 뜻이 같게 문장을 만드십시오.
Complete the sentence so that both sentences will have the same meaning.

1. 지금은 2010년입니다. 2002년에 한일월드컵이 열렸습니다.

   ➡ 한일월드컵이 ______________________ 은/ㄴ 지 8년 됐습니다.

2. 두 달 전에 이 회사에 취직했습니다.

   ➡ ______________________ 은/ㄴ 지 두 달 됐습니다.

연습 Practice 대화를 완성하십시오.
Complete the conversation.

1. 가 : 언제 그 휴대전화를 샀어요?

   나 : ______________ 은/ㄴ 지 ______________________.

2. 가 : 언제부터 한국말을 배웠어요?

   나 : ______________ 은/ㄴ 지 ______________________.

102 | -은 후에

용법 Usage 어떤 동작을 하고 시간적으로 뒤에 다른 동작을 할 때 쓴다.
It is used when certain action is behind in time than the action in the previous clause.

활용 형태 Forms of Utilization

-은 후에 자음으로 끝나는 동사 어간 뒤에 사용한다.
It is used after the verb stem that ends in consonants.
예 입**은 후에**

-ㄴ 후에 모음으로 끝나는 동사 어간 뒤에 사용한다.
It is used after the verb stem that ends in vowels.
예 세수**한 후에**

예문 Example

1. 저는 아침을 먹은 후에 커피를 마십니다.
   I drink coffee after having breakfast.
2. 어제 숙제를 한 후에 밖에 나가서 놀았어요.
   I went out and hung out after finishing my homework.
3. 편지를 받은 후에 친구에게 답장을 썼습니다.
   I wrote back to my friend after receiving a letter from my friend.

연습 Practice 뜻이 같게 문장을 바꾸십시오.
Change the sentence so that they will have the same meaning.

1. 일이 끝나고 친구를 만났어요.

   ➡ ______________ 은/ㄴ 후에 ______________________.

2. 아침을 먹기 전에 신문을 봅니다.

   ➡ ______________ 은/ㄴ 후에 ______________________.

연습 Practice 표를 보고 대화를 완성하십시오.
Complete the conversation referring to the table below.

3:00	아르바이트
5:00	숙제
7:00	저녁 식사
8:00	산책

1. 가 : 아르바이트를 한 후에 무엇을 했어요?

   나 : ______________ 은/ㄴ 후에 ______________________.

2. 가 : ______________ 은/ㄴ 후에 ______________________?

   나 : ______________ 은/ㄴ 후에 ______________________.

103 | 을

용법 Usage 문장의 목적어임을 나타낸다.
It shows an object of the sentence.

활용 형태 Forms of Utilization

을 자음으로 끝나는 명사 뒤에 사용한다.
It is used behind the noun that ends in consonants.
예 텔레비전**을**

를 모음으로 끝나는 명사 뒤에 사용한다.
It is used behind the noun that ends in vowels.
예 언니**를**

예문 Example

❶ 점심에는 보통 김밥을 먹습니다.
I usually eat Kimbap for lunch.

❷ 모두 모여서 노래를 부르기로 했습니다.
We all decided to gather around and sing.

❸ 주말에 친구를 만나서 영화를 볼 거예요.
I am going to watch a movie with friends over the weekend.

참고 Note

'하다'가 있는 동사 앞에서는 '을'이 생략될 수도 있다.
'을' may be omitted in front of verbs with '하다'.

- 날마다 밤늦게까지 공부를 해요 (= 공부해요).
- 같이 노래를 할까요 (=노래할까요)?

연습 Practice ( )을 채우십시오.
Fill in the blanks.

1. 저는 김치( ) 좋아합니다.
2. 영수 씨와 샤오밍 씨가 산책( ) 합니다.

연습 Practice 대화를 완성하십시오.
Complete the conversation.

1. 가 : 무엇을 읽고 있습니까?

   나 : ______________________________.

2. 가 : 수업이 끝나고 무엇을 하세요?

   나 : ______________________________.

꼭~ 알아두기

104 | -을 거예요[1]

용법 Usage 말하는 사람의 의지를 나타내거나 상대방의 의지를 물어볼 때 쓴다.
It is used to show the will of a speaker or when asking about the will of another person.

활용 형태 Forms of Utilization

-을 거예요 자음으로 끝나는 동사 뒤에 사용한다.
It is used after the verb stem that ends in consonants.
예 먹**을 거예요**

-ㄹ 거예요 모음으로 끝나는 동사 뒤에 사용한다.
It is used after the verb stem that ends in vowels.
예 **쉴 거예요**

예문 Example

❶ 저는 한복을 입을 거예요.
I am going to wear Hanbok.

❷ 휴일에 뭘 할 거예요?
What are you going to do during the holiday?

❸ 피곤하니까 오늘은 일찍 잘 거예요.
I am going to sleep early because I am tired.

연습 Practice 문장을 완성하십시오.
Complete the sentence.

1. 저는 방학이 되면 유럽으로 ______________ 을/ㄹ 거예요. (여행을 가다)
2. 나는 내년 3월까지 한국에 ______________ 을/ㄹ 거야. (있다)

연습 Practice 대화를 완성하십시오.
Complete the conversation.

1. 가 : 이번 주말에 뭘 할 거예요?

   나 : ______________ 을/ㄹ 거예요.

2. 가 : 몇 급까지 공부할 거예요?

   나 : ______________ 을/ㄹ 거예요.

105 | -을 거예요²

용법 Usage 추측의 의미를 나타낼 때 쓴다.
It is used to express the meaning of supposition.

활용 형태 Forms of Utilization

-을 거예요 자음으로 끝나는 동사나 형용사 어간 뒤에 사용한다.
It is used after the verb or adjectival stem that ends in consonants.

예 먹**을 거예요**, 작**을 거예요**

-ㄹ 거예요 모음으로 끝나는 동사나 형용사 어간 뒤에 사용한다.
It is used after the verb or adjectival stem that ends in vowels.

예 **쉴 거예요**, 바**쁠 거예요**

-었을/았을/였을 거예요
과거나 완료를 나타낼 때 동사나 형용사 어간 뒤에 사용한다.
It is used after the verb or adjectival stem to express past or perfect tense.

예 씻**었을 거예요**, 만**났을 거예요**, 도착**했을 거예요**, 힘들**었을 거예요**, 많**았을 거예요**, 행복**했을 거예요**

예문 Example

❶ 친구가 불고기를 잘 먹을 거예요.
The friend will eat bulgogi well.

❷ 저 옷이 비쌀 거예요.
That clothes will be expensive.

❸ 회의가 끝났을 거예요.
The meeting is probably over.

연습 Practice 문장을 완성하십시오.
Complete the sentence.

1. 지금 출근시간이니까 ______________________을/ㄹ 거예요. (차가 밀리다)
2. 날씨가 더워서 수영장에 ______________________을/ㄹ 거예요. (사람들이 많다)

연습 Practice 대화를 완성하십시오.
Complete the conversation.

1. 가 : 내일 비가 올까요?

   나 : 아니요, ______________________________을/ㄹ 거예요.

2. 가 : 웨이 씨가 시험을 잘 봤을까요?

   나 : 네, ____________________________________을/ㄹ 거예요.

106 | -을게요

용법 Usage

미래 일에 대한 화자의 의지, 맹세, 약속을 나타낼 때 쓴다. 주어는 1인칭이고 말할 때 주로 쓰인다.

It is used to express the speaker's will, oath or promise in the future. The subject of the sentence is first person, and it is usually used in spoken language.

활용 형태 Forms of Utilization

-을게요 자음으로 끝나는 동사 어간 뒤에 사용한다.
It is used after the verb stem that ends in consonants.

예 먹**을게요**

-ㄹ게요 모음으로 끝나는 동사 어간 뒤에 사용한다.
It is used after the verb stem that ends in vowels.

예 **갈게요**

예문 Example

❶ 내일부터 담배를 끊을게요.
I am going to quit smoking from tomorrow.

❷ 약속을 꼭 지킬게요.
I will keep the promise.

❸ 오늘은 술을 마시지 않을게요.
I am not going to drink today.

연습 Practice 문장을 완성하십시오.
Complete the sentence.

1. 제가 문을 ______________________ 을게요/ㄹ게요. (닫다)
2. 7시까지 집에 ______________________ 을게요/ㄹ게요. (돌아오다)

연습 Practice 대화를 완성하십시오.
Complete the conversation.

1. 가 : 내일까지 이 일을 끝내세요.

   나 : 네, ______________________ 을게요/ㄹ게요.

2. 가 : ______________________ 을게/ㄹ게.

   나 : 고마워. 다음에는 내가 살게.

107 | -을까요?[1]

용법 Usage

상대방에게 같이 할 것을 제안할 때 쓴다. 이 때 주어는 '우리'이고 주어를 생략할 수도 있다.

It is used to ask another person to do something together. In this case, the subject is '우리(we)' and it can be omitted.

활용 형태 Forms of Utilization

-을까요? 자음으로 끝나는 동사 어간 뒤에 사용한다.
It is used after the verb stem that ends in consonants.
예 찾**을까요?**

-ㄹ까요? 모음으로 끝나는 동사 어간 뒤에 사용한다.
It is used after the verb stem that ends in vowels.
예 **쓸까요?**

예문 Example

❶ 같이 점심을 먹을까요?
Shall we have lunch together?

❷ 내일 같이 영화를 볼까?
Shall we watch a movie together?

❸ 우리 어디에서 만날까요?
Where shall we meet tomorrow?

연습 Practice 문장을 완성하십시오.
Complete the sentence.

1. 피곤합니다. 좀 ______________________ 을까요?/ㄹ까요? (쉬다)
2. 옷을 사고 싶어요. 같이 백화점에 ______________ 을까요?/ㄹ까요? (가다)

연습 Practice 표를 보고 대화를 완성하십시오.
Complete the conversation referring to the table below.

여행 장소	제주도
교통편	비행기
숙박시설	호텔

보기

가 : 어디에 갈까요?
나 : 제주도에 갑시다.

1. 가 : 무엇을 탈까요?

   나 : ______________________________________.

2. 가 : ______________________________________?

   나 : 호텔에서 잡시다.

꼭~ 알아두기

108 | –을까요?²

용법 Usage

상대방의 의향, 의견, 생각 등을 물을 때 쓴다. 이 때 주어는 '저', '나'이고 주어를 생략할 수도 있다.

It is used to ask a person about his/her opinion, inclination or thoughts. In this case, the subject is '저' or '나' and it can be omitted.

활용 형태 Forms of Utilization

–을까요? 자음으로 끝나는 동사 어간 뒤에 사용한다.
It is used after the verb stem that ends in consonants.
예 닫**을까요?**

–ㄹ까요? 모음으로 끝나는 동사 어간 뒤에 사용한다.
It is used after the verb stem that ends in vowels.
예 준비**할까요?**

예문 Example

❶ (제가) 어디에 앉을까요?
Where should I sit?

❷ (내가) 영수에게 연락할까?
Should I call Young-su?

❸ 바쁘신 것 같은데 (제가) 도와 드릴까요?
You seem so busy. Should I help you?

연습 Practice 문장을 완성하십시오.
Complete the sentence.

1. (제가) 무슨 책을 ______________________ 을까요?/ㄹ까요? (읽다)
2. 어두운데 불을 ______________________ 을까?/ㄹ까? (켜다)

연습 Practice 대화를 완성하십시오.
Complete the conversation.

1. 가 : ______________________ 을까요?/ㄹ까요?

   나 : 10시에 전화하세요.
2. 가 : ______________________ 을까요?/ㄹ까요?

   나 : 커피 두 잔 주세요.

꼭~ 알아두기

109 | -을까요?[3]

용법 Usage 주어의 행동이나 상태에 대해 화자가 추측하면서 질문할 때 쓴다.
It is used when the speaker asks while assuming about the subject's action or state.

활용 형태 Forms of Utilization

-을까요? 자음으로 끝나는 동사나 형용사 어간 뒤에 사용한다.
It is used after the verb or adjectival stem that ends in consonants.

예 받**을까요?**, 작**을까요?**

-ㄹ까요? 모음으로 끝나는 동사나 형용사 어간 뒤에 사용한다.
It is used after the verb or adjectival stem that ends in vowels.

예 좋아**할까요?**, 비**쌀까요?**

일까요? 명사 뒤에 사용한다.
It is used behind the noun.

예 학생**일까요?**, 어디**일까요?**

-었을까요?/았을까요?/였을까요?
과거나 완료를 나타낼 때 동사나 형용사 어간 뒤에 사용한다.
It is used after the verb or adjectival stem to express past or perfect tense.

예 열**었을까요?**, 만**났을까요?**, 도착**했을까요?**, 적**었을까요?**, 좋**았을까요?**, 쌀쌀**했을까요?**

예문 Example

❶ 이 음식이 맛있을까요?
Do you think food will taste delicious?

❷ 샤오밍 씨가 오늘 학교에 올까요?
Do you think Xiaoming will come to school today?

❸ 저 사람이 몇 살일까요?
How old do you think that person is?

❹ 친구가 어제 발표를 잘 했을까?
Do you think (the) friend did well on the presentation?

연습 Practice 문장을 완성하십시오.
Complete the sentence.

1. 내일 날씨가 ________ 을까요?/ㄹ까요? (좋다)
2. 이 옷이 저에게 ________ 을까요?/ㄹ까요? (어울리다)

연습 Practice 대화를 완성하십시오.
Complete the conversation.

1. 가 : ____________________ 을까요?/ㄹ까요?

   나 : 네, 아마 재미있을 거예요.

2. 가 : ____________________ 을까요?/ㄹ까요?

   나 : 미선 씨가 1등을 할 거예요.

110 | -을까 하다

용법 Usage 아직 확실히 결정한 것은 아니지만 그 행동을 할 마음이나 생각이 있음을 나타낼 때 쓴다.

It is used to express the thought of doing the action, although it has not been completely determined.

활용 형태 Forms of Utilization

-을까 하다 자음으로 끝나는 동사 어간 뒤에 사용한다.
It is used after the verb stem that ends in consonants.

예 닫**을까 하다**

-ㄹ까 하다 모음으로 끝나는 동사 어간 뒤에 사용한다.
It is used after the verb stem that ends in vowels.

예 **볼까 하다**

예문 Example

❶ 날씨가 더워서 점심에 냉면을 먹을까 해요.
Since it is hot, I am thinking of eating Naengmyun for lunch.

❷ 오늘은 피곤해서 집에 일찍 돌아갈까 합니다.
Since I am tired today, I am thinking of going home early.

❸ 집이 너무 멀어서 학교 근처로 이사할까 한다.
I am thinking of moving closer to the campus since my house is too far.

연습 Practice 이야기를 완성하십시오.
Complete the story.

친구가 독일에 살고 있어요. 그래서 이번 여름 방학에 독일에 〈보기〉갈까 해요.(가다) 독일에 가면 호텔에서 1. ______________을까/ㄹ까 해요.(묵다) 여기저기 구경도 많이 하고 독일 맥주도 2. ______________을까/ㄹ까 해요.(마시다)

연습 Practice 대화를 완성하십시오.
Complete the conversation.

1. 가 : 주말에 밖에 나갈 거예요?

   나 : 아니요. ______________________________을까/ㄹ까 해요.

2. 가 : 대학교를 졸업하고 뭘 할 거예요?

   나 : ______________________________을까/ㄹ까 해요.

111 | –을 때

용법 Usage

어떤 일이 일어나고 있는 순간이나 어떤 동작이나 상태가 계속되는 동안을 나타낼 때 쓴다. 또한 어떤 조건이나 상황이 나타날 때도 쓸 수 있다.

It is used to express the period while certain action or state continues or the moment which the event is occurring. It also can be used when certain condition or state occurs.

활용 형태 Forms of Utilization

–을 때

자음으로 끝나는 동사나 형용사 어간 뒤에 사용한다.

It is used after the verb or adjectival stem that ends in consonants.

예 입**을 때**, 좋**을 때**

–ㄹ 때

모음으로 끝나는 동사나 형용사 어간 뒤에 사용한다.

It is used after the verb or adjectival stem that ends in vowels.

예 공부**할 때**, 심심**할 때**

–었을/았을/였을 때

과거나 완료를 나타낼 때 동사 어간 뒤에 사용한다.

It is used after the verb stem to express past or perfect tense.

예 입**었을 때**, **왔을 때**, 도착**했을 때**

예문 Example

❶ 도서관에서 책을 찾을 때 친구를 만났어요.
I met a friend while I was looking for a book in the library.

❷ 미선 씨는 한가할 때 무엇을 해요?
Misun, what do you do when you have free time?

❸ 밥을 다 먹었을 때 친구가 찾아왔어요.
My friend came over when I was almost done eating.

연습 Practice 한 문장으로 만드십시오.
Combine two into one sentence.

1. 머리가 아프다 / 이 약을 드세요.

➡ ______________________ 을/ㄹ 때 ______________________.

2. 책을 읽다 / 전화가 왔어요.

➡ ______________________ 을/ㄹ 때 ______________________.

연습 Practice 대화를 완성하십시오.
Complete the conversation.

1. 가 : 언제 술을 마시고 싶어요?

나 : ____.

2. 가 : 교실에 들어왔을 때 누가 있었어요?

나 : ____.

꼭~ 알아두기

112 | -을래요?

용법 Usage

어떤 일에 대해 상대방의 의향을 물어볼 때 사용한다. 주로 가까운 사이에 쓴다.
It is used to ask another person's inclination about certain event. It is usually used in a close relationship.

활용 형태 Forms of Utilization

-을래요? 자음으로 끝나는 동사 어간 뒤에 사용한다.
It is used after the verb stem that ends in consonants.
예 닫**을래요?**

-ㄹ래요? 모음으로 끝나는 동사 어간 뒤에 사용한다.
It is used after the verb stem that ends in vowels.
예 **갈래요?**

예문 Example

❶ 이 옷을 입을래요?
Do you want to wear this clothes?

❷ 무슨 차를 마실래요?
What kind of tea would you like to drink?

❸ 이따가 같이 영화를 볼래?
Do you want to watch a movie together later?

참고 Note

평서문에서는 앞으로 할 일에 대한 자기의 의사를 말할 때 쓴다.
In declarative sentences, it is used to express the speaker's will of doing something.

- 여기에 앉을래요.
- 저는 거기에 안 갈래요.

연습 Practice 문장을 완성하십시오.
Complete the sentence.

1. 배가 고프면 이 빵을 ________을래?/ㄹ래? (먹다)
2. 날씨가 좋은데 같이 ________을래요?/ㄹ래요? (산책하다)

연습 Practice 대화를 완성하십시오.
Complete the conversation.

1. 가 : 우산을 안 가지고 왔어요.

   나 : 그럼 ________________을래요?/ㄹ래요?

2. 가 : ________________을래?/ㄹ래?

   나 : 그래, 좋아.

꼭~ 알아두기

113 | -을수록

용법 Usage 어떤 상황이나 정도가 점점 더 심해짐을 나타낼 때 쓴다.
It is used to express the growing intensity of certain state or degree.

활용 형태 Forms of Utilization

-을수록 자음으로 끝나는 동사나 형용사 어간 뒤에 사용한다.
It is used after the verb or adjectival stem that ends in consonants.

예 신**을수록**, 적**을수록**

-ㄹ수록 모음으로 끝나는 동사나 형용사 어간 뒤에 사용한다.
It is used after the verb or adjectival stem that ends in vowels.

예 만**날수록**, 예**쁠수록**

예문 Example

❶ 돈이 많을수록 걱정도 많아지는 것 같아요.
The more money you have, the more worries you have.

❷ 한국말은 배울수록 재미있어요.
Learning Korean is getting more fun as I learn.

❸ 잠을 많이 잘수록 더 자고 싶어져요.
The more I sleep, the more I want to sleep.

참고 Note

'-으면 -을수록'의 형태로도 쓰인다.
It can be used in '-으면 -을수록' form.

- 그 영화는 보면 볼수록 재미있습니다.
- 이 과자는 먹으면 먹을수록 맛있어요.

연습 Practice 문장을 완성하십시오.
Complete the sentence.

1. ________을수록/ㄹ수록 천천히 가야 해요. (급하다)

2. 이 책은 ________으면/면 ________을수록/ㄹ수록 재미있어요. (읽다)

연습 Practice 대화를 완성하십시오.
Complete the conversation.

1. 가 : 그 옷이 어때요?

   나 : ____________으면/면 ____________을수록/ㄹ수록 편해요.

2. 가 : 새로 산 컴퓨터가 어때요?

   나 : ____________으면/면 ____________을수록/ㄹ수록 마음에 들어요.

114 | -을 수 있다/없다

용법 Usage 어떤 일을 할 능력이 있거나 어떤 일이 가능할 때 쓴다. 어떤 일을 할 능력이 없거나 어떤 일이 가능하지 않으면 '-을 수 없다'를 쓴다.
It is used to express the ability to do something or the possibility of an event. If there is no ability or possibility, use '-을 수 없다'.

활용 형태 Forms of Utilization

-을 수 있다/없다
자음으로 끝나는 동사 어간 뒤에 사용한다.
It is used after the verb stem that ends in consonants.
예 찾**을 수 있다**

-ㄹ 수 있다/없다
모음으로 끝나는 동사 어간 뒤에 사용한다.
It is used after the verb stem that ends in vowels.
예 **볼 수 없다**

예문 Example

1. 이 음식이 너무 매워서 먹을 수 없어요.
   I cannot eat this food because it's too spicy.
2. 저는 한국어로 편지를 쓸 수 있어요.
   I can write a letter in Korean.
3. 이 옷이 너무 비싸서 살 수 없습니다.
   I cannot buy this clothes because it's too expensive.

연습 Practice 문장을 완성하십시오.
Complete the sentence.

1. 저는 스키를 잘 ________을/ㄹ 수 있어요. (타다)
2. 백화점에서는 물건 값을 ________을/ㄹ 수 없습니다. (깎다)

연습 Practice 대화를 완성하십시오.
Complete the conversation.

1. 가 : 지금 우리 집에 올 수 있어?

   나 : 응, ____.

2. 가 : 한국에서 운전할 수 있어요?

   나 : 아니요, ____.

꼭~ 알아두기

115 | -을지

용법 Usage

추측에 대한 막연한 의문을 나타낼 때 쓴다. 무엇을 선택할 건지 생각하고 있을 때나 걱정되는 일에도 쓸 수 있다.

It is used to express vague question to an assumption. It also can be used when the subject thinks about which to select or to worrisome event.

활용 형태 Forms of Utilization

-을지 자음으로 끝나는 동사나 형용사 어간 뒤에 사용한다.
It is used after the verb or adjectival stem that ends in consonants.

예 입**을지**, 좋**을지**

-ㄹ지 모음으로 끝나는 동사나 형용사 어간 뒤에 사용한다.
It is used after the verb or adjectival stem that ends in vowels.

예 시**킬지**, **쌀지**

예문 Example

❶ 한식을 먹을지 양식을 먹을지 생각 중이야.
I am thinking about whether to eat Korean food or Western food.

❷ 이 문제를 어떻게 해결할지 모르겠어요.
I don't know how to settle the problem.

❸ 내일 발표를 잘 할 수 있을지 모르겠다.
I don't know if I can do well on the presentation tomorrow.

연습 Practice 다음을 보고 문장을 완성하십시오.
Complete the sentence referring to following.

1.

프랑스	캐나다	브라질

이번 방학에 ____________ 을지/ㄹ지 ____________ 을지/ㄹ지 아직 결정하지 못했어요.

2.

태권도	탈춤	한국요리

한국에서 ____________ 을지/ㄹ지 ____________ 을지/ㄹ지 생각 중이야.

연습 Practice 대화를 완성하십시오.
Complete the conversation.

1. 가 : 언제까지 한국에 있을 거예요?

   나 : 글쎄요. ____________ 을지/ㄹ지 ____________ 을지/ㄹ지 잘 모르겠어요.

2. 가 : 그 일을 잘 할 수 있겠어요?

   나 : 준비를 별로 안 해서 ____________ 을지/ㄹ지 잘 모르겠어요.

116 | -을 테니까

용법 Usage

뒤의 내용에 대해서 말하는 사람의 의지나 예정을 나타낼 때 쓴다. 또한 3인칭 주어의 문장에서는 추측을 나타낼 때 쓴다.

It is used to express the speaker's will regarding the information in the following clause. In a sentence with third person subject, it is used to express supposition.

활용 형태 Forms of Utilization

-을 테니까 자음으로 끝나는 동사나 형용사 어간 뒤에 사용한다.
It is used after the verb or adjectival stem that ends in consonants.
예 읽**을 테니까**, 좋**을 테니까**

-ㄹ 테니까 모음으로 끝나는 동사나 형용사 어간 뒤에 사용한다.
It is used after the verb or adjectival stem that ends in vowels.
예 **쉴 테니까**, 한가**할 테니까**

예문 Example

❶ 제가 모두 준비해 놓을 테니까 걱정하지 마세요.
Don't worry. I will prepare everything.

❷ 이따가 9시쯤 전화할 테니까 집에서 기다리십시오.
I will give you a call around nine o'clock so please wait at home.

❸ 주말이어서 교통이 복잡할 테니까 빨리 출발합시다.
Let's hurry up and leave. There will be a bad traffic because it's the weekend.

ㅇ

연습 Practice
관계있는 것을 연결해서 문장을 완성하십시오.
Connect the related ones to make a sentence.

제가 한잔 사겠습니다. •	• 우산을 가지고 가세요.
오후에 비가 오겠습니다. •	• 퇴근 후에 만납시다.
수업이 끝나는 대로 가겠습니다. •	• 잠시만 기다려 주십시오.

보기

<u>제가 한잔 살</u> 테니까 <u>퇴근 후에 만납시다</u>.

1. ____________________ 을/ㄹ 테니까 ____________________.
2. ____________________ 을/ㄹ 테니까 ____________________.

연습 Practice
대화를 완성하십시오.
Complete the conversation.

1. 가 : 내일 시험 때문에 걱정이 돼서 잠을 잘 잘 수 없어요.

   나 : ____________________ 을/ㄹ 테니까 ____________________.

2. 가 : 청소도 하고 빨래도 해야 해.

   나 : ____________________ 을/ㄹ 테니까 ____________________.

117 | –읍시다

용법 Usage

같이 행동할 것을 제안하거나 상대방의 요청에 대해 승낙할 때 쓴다.
It is used to suggest another person to do something together or to give a permission to another person's request.

활용 형태 Forms of Utilization

–읍시다 자음으로 끝나는 동사 어간 뒤에 사용한다.
It is used after the verb stem that ends in consonants.

예 찾**읍시다**

–ㅂ시다 모음으로 끝나는 동사 어간 뒤에 사용한다.
It is used after the verb stem that ends in vowels.

예 노래**합시다**

예문 Example

❶ 배가 고프니까 뭐 좀 먹읍시다.
I'm hungry. Let's eat something.

❷ 날씨가 좋은데 밖으로 나갑시다.
The weather is nice. Let's go outside.

❸ 가 : 내일 같이 영화를 볼까요?
나 : 네, 같이 봅시다. / 그럽시다.
A : Should we watch a movie together tomorrow?
B : Yes, let's watch it together/ Yes. let's do so.

연습 Practice 문장을 완성하십시오.
Copmplete the sentence.

1. 다리가 아픈데 의자에 ________읍시다/ㅂ시다. (앉다)
2. 주말에 스키장에 가서 스키를 ________읍시다/ㅂ시다. (타다)

연습 Practice 대화를 완성하십시오.
Complete the conversation.

1. 가 : 피곤한데 좀 쉴까요?

   나 : ____.

2. 가 : 시험이 끝나고 뭘 할까요?

   나 : ____.

118 | 의

용법 Usage 앞말이 뒷말을 한정할 때 쓴다.
It is used when the information in the front limits the information in the latter part.

활용 형태 Forms of Utilization

의	명사 뒤에 사용한다. It is used behind the noun. 예 여행**의**, 친구**의**

예문 Example

❶ 이 가방의 주인이 누구예요?
Who's bag is this?

❷ 가을은 독서의 계절이에요.
Autumn is a season for reading.

❸ 어머니의 목소리를 듣고 기분이 좋아졌어요.
I became happy after hearing my mom's voice.

참고 Note

'나의', '저의', '너의'는 줄여서 '내', '제', '네'로 쓰인다.
'나의', '저의', '너의' can be contracted to '내', '제', '네'.

- 이것은 내 책이에요.
- 제 이름은 김영수입니다.
- 저 아이가 네 동생이니?

연습 Practice 관계있는 것을 연결하십시오.
Connect the related ones.

한국 •	• 수도
일본 •	• 김치
단어 •	• 의미

보기

한국의 김치

1. ______________________

2. ______________________

연습 Practice 대화를 완성하십시오.
Complete the conversation.

1. 가 : 이것은 누구의 책이에요?

   나 : __________ 의 __________.

2. 가 : 선생님의 성함이 어떻게 되세요?

   나 : __________ 의 __________.

119 | 이

용법 Usage

문장의 주어임을 나타낼 때 쓴다.
It is used to show the subject of the sentence.

활용 형태 Forms of Utilization

이	자음으로 끝나는 명사 뒤에 사용한다. It is used behind the noun that ends in consonants. 예 회사원**이**
가	모음으로 끝나는 명사 뒤에 사용한다. It is used behind the noun that ends in vowels. 예 구두**가**

예문 Example

❶ 동생이 열심히 공부해요.
My younger brother/sister is studying hard.

❷ 친구가 음악을 듣고 있어요.
My friend is listening to music.

❸ 제 가방이 튼튼하고 예뻐요.
My bag is durable and pretty.

참고 Note

1. '누구'와 '가'가 함께 쓰이면 '구'가 없어진다.
If '누구' and '가' is used together, '구' is deleted.
   - 누가 청소를 했어요?
   - 누가 학교에 안 왔어요?

2. '저', '나', '너'와 같이 쓸 때는 '제가', '내가', '네가'로 쓴다.
When using with '저', '나', '너', it is used as '제가', '내가', '네가'.
   - 네가 음식을 만들었어?
   - 제가 그 일을 해 보겠습니다.

3. 주어가 윗사람이면 '께서'로 바꿔 쓸 수 있다. 이때 서술어에는 보통 '-으시-'를 넣는다.
When the subject is a person in a higher rank, it can be replaced with '께서'. In this case, '-으시-' is used as the prefinal ending in the predicate.

- 사장님께서 말씀하십니다.
- 아버지께서 텔레비전을 보십니다.

연습 Practice (　)을 채우십시오.
Fill in the blanks.

1. 가수(　　) 노래하고 있습니다.
2. 할아버지(　　) 신문을 보십니다.

연습 Practice 대화를 완성하십시오.
Complete the conversation.

1. 가 : 무엇이 재미있습니까?

   나 : ________________________________.

2. 선생님 : ________________________________?

   학생 : 제가 책을 읽겠습니다.

120 | 이나[1]

용법 Usage 둘 이상의 대상을 나열할 때 쓰는데 나열된 대상 중 하나만이 선택됨을 나타낸다.
It is used to list more than two things and make a selection from the list.

활용 형태 Forms of Utilization

이나 자음으로 끝나는 명사 뒤에 사용한다.
It is used behind the noun that ends in consonants.

예 산**이나**

나 모음으로 끝나는 명사 뒤에 사용한다.
It is used behind the noun that ends in vowels.

예 우유**나**

예문 Example

❶ 선생님께서는 월요일이나 화요일에 오실 거예요.
The teacher will come on either Monday or Tuesday.

❷ 저는 학교에 갈 때 버스나 지하철을 탑니다.
I take either bus or subway train to school.

❸ 시간이 있을 때마다 친구들과 축구나 야구를 해요.
I play either soccer or baseball with friends, when I have leisure time.

연습 Practice 다음을 보고 문장을 완성하십시오.
Complete the sentence referring to the following.

1.

오늘	내일	모레

➡ ________________이나/나 ______________ 등산을 갑시다.

2.

권투	태권도	무술

➡ ______________이나/나 ______________을/를 배우고 싶어요.

연습 Practice 대화를 완성하십시오.
Complete the conversation.

1. 가 : 아침에 무엇을 드세요?

   나 : ______________이나/나 ____________________________.

2. 가 : 이번 연휴에 어디에 갈 거예요?

   나 : ______________이나/나 ____________________________.

121 | 이나[2]

용법 Usage 가장 좋은 선택이 아닌 차선의 선택을 나타낼 때 쓴다.
It is used to express the next best option and not the best.

활용 형태 Forms of Utilization

이나	자음으로 끝나는 명사 뒤에 사용한다. It is used behind the noun that ends in consonants. 예 라면**이나**
나	모음으로 끝나는 명사 뒤에 사용한다. It is used behind the noun that ends in vowels. 예 잡지**나**

예문 Example

❶ 주말에 잠이나 잘까 해요.
I am thinking of just sleeping over the weekend.

❷ 할 일도 없는데 영화나 볼까요?
Since there isn't anything to do, should we just go see a movie?

❸ 점심이나 먹으면서 이야기합시다.
Let's just have lunch and talk.

참고 Note

장소나 시간을 나타내는 말 뒤에는 '에나'를 사용한다.
'에나' is used behined the words that expresses location or time.

- 별일 없으면 남대문시장에나 갑시다.
- 지금은 바빠서 주말에나 만날 수 있어요.

연습 Practice 다음을 보고 문장을 완성하십시오.
Complete the sentence referring to the following.

1.

커피	녹차	주스

➡ 술을 마시고 싶지만 운전을 해야 합니다.

________________이나/나 마시겠습니다.

2.

텔레비전	잡지	만화책

➡ 축구를 하고 싶은데 비가 옵니다.

집에서 ________________이나/나 보겠습니다.

연습 Practice 대화를 완성하십시오.
Complete the conversation.

1. 가 : 오후에 뭘 할 거예요?

나 : ________________이나/나 ________________.

2. 가 : 심심한데 어디 놀러 갈까요?

나 : 그럼 ________________에나 ________________.

122 | 이나[3]

용법 Usage

수량이나 정도가 예상보다 많음을 나타낼 때 쓴다. 놀람의 의미를 나타내기도 한다.
It is used to express the degree or quantity is more than expected. It is also used to express amazement.

활용 형태 Forms of Utilization

이나 자음으로 끝나는 명사 뒤에 사용한다.
It is used behind the noun that ends in consonants.
예 5년**이나**

나 모음으로 끝나는 명사 뒤에 사용한다.
It is used behind the noun that ends in vowels.
예 열 개**나**

예문 Example

❶ 불고기를 3인분이나 먹었어요.
I had three serving of Bulgogi.

❷ 신발이 스무 켤레나 있어요?
You have twenty pairs of shoes?

❸ 가 : 어제 잠을 열두 시간 잤어요.
나 : 열두 시간이나요?
A : I slept for twelve hours yesterday.
B : Twelve hours?

연습 Practice 맞는 것을 고르십시오.
Choose the right one.

1. 장미꽃을 백송이(이나, 나) 받았어요?
2. 오늘 수업에 학생이 열 명(이나, 나) 안 왔어요.

연습 Practice 대화를 완성하십시오.
Complete the conversation.

1. 가 : 어제 부모님과 두 시간 동안 통화했어요.

   나 : ____________이나/나 통화했어요?

2. 가 : 저는 동생이 네 명 있어요.

   나 : ________이나요/나요?

123 | 이나[4]

용법 Usage 의문문에서 의문사와 함께 쓰여 수량을 짐작해서 나타낼 때 쓴다.
It is used with interrogatives to express the supposition of quantity in interrogative sentences.

활용 형태 Forms of Utilization

이나 자음으로 끝나는 명사 뒤에 사용한다.
It is used behind the noun that ends in consonants.

예 몇 권**이나**

나 모음으로 끝나는 명사 뒤에 사용한다.
It is used behind the noun that ends in vowels.

예 얼마**나**

예문 Example

❶ 하루에 몇 시간이나 공부하세요?
How many hours do you sleep per day?

❷ 집에서 학교까지 얼마나 걸려요?
How long will it take from the house to school?

❸ 한 달에 몇 번이나 부모님께 전화를 드려요?
How many times do you give a call to your parents a month?

연습 Practice 문장을 완성하십시오.
Complete the sentence.

1. 지금 옷장에 옷이 ________이나/나 있어요? (몇 벌)
2. 한 달에 돈을 ________이나/나 쓰세요? (얼마)

연습 Practice 대화를 완성하십시오.
Complete the conversation.

1. 가 : ____________________________이나/나 왔어요?

   나 : 모임에 20명쯤 왔어요.

2. 가 : ____________________________이나/나 읽어요?

   나 : 한 달에 책을 10권쯤 읽어요.

124 | 이든지

용법 Usage

'언제', '누구', '어디', '무엇', '얼마' 등의 의문사 뒤에 쓰여 어떤 것을 선택해도 상관이 없음을 나타낸다.

It is used after the interrogatives such as '언제', '누구', '어디', '무엇', '얼마' to express either options do not matter .

활용 형태 Forms of Utilization

이든지 자음으로 끝나는 명사 뒤에 사용한다.
It is used behind the noun that ends in consonants.
예 무엇**이든지**

든지 모음으로 끝나는 명사 뒤에 사용한다.
It is used behind the noun that ends in vowels.
예 어디**든지**

예문 Example

❶ 언제든지 오셔도 돼요.
You may come anytime.

❷ 필요한 것이 있으면 무엇이든지 말씀하세요.
If you need anything, let me know regardless of what it is.

❸ 우리 학교 학생이면 누구든지 이용할 수 있어요?
Can any of the student from our school use it?

참고 Note

명사와 함께 쓰여 '이든지 이든지'의 형식으로 사용될 수 있다.
It may be used as '이든지 이든지' form with nouns.

- 1층이든지 2층이든지 모두 괜찮아요.
- 샌드위치든지 김밥이든지 마음대로 먹어.

연습 Practice 맞는 것을 고르십시오.
Choose the right one.

1. 보고 싶으면 얼마(이든지, 든지) 봐도 돼.
2. 편한 옷이면 어떤 옷(이든지, 든지) 좋습니다.

연습 Practice 대화를 완성하십시오.
Complete the conversation.

1. 가 : 몇 시쯤 전화할까요?

   나 : ____________이든지/든지 ____________________________.

2. 가 : 도서관에 한국 학생만 들어갈 수 있어요?

   나 : 아니요, 학생증이 있으면 ____________이든지/든지 ________________.

125 | 이 아니다

용법 Usage

'이다'를 부정할 때 쓴다.
It is used to deny '이다'.

활용 형태 Forms of Utilization

이 아니다 자음으로 끝나는 명사 뒤에 사용한다.
It is used behind the noun that ends in consonants.

예 은행원**이 아니다**

가 아니다 모음으로 끝나는 명사 뒤에 사용한다.
It is used behind the noun that ends in vowels.

예 우유**가 아니다**

예문 Example

❶ 저는 학생이 아닙니다.
I am not a student.

❷ 영수 씨는 제 남자친구가 아니에요.
Young-su is not my boy friend.

❸ 이것은 정답이 아닙니다.
This is not an answer.

연습 Practice 맞는 것을 고르십시오.
Choose the right one.

1. 저는 미국 사람(이, 가) 아닙니다.
2. 이곳은 횡단보도(이, 가) 아니에요.

연습 Practice 대화를 완성하십시오.
Complete the conversation.

1. 가 : 이곳이 한국대학교입니까?

   나 : 아니요, ______________________.

2. 가 : 안경을 쓰신 분이 박 선생님입니까?

   나 : 아니요, ______________________.

126 | 입니까?

용법 Usage '입니다'의 의문 형태이다.
It is an interrogative form of '입니다'.

활용 형태 Forms of Utilization

입니까? 명사 뒤에 사용한다.
It is used behind the noun.
예 가방**입니까?**, 어디**입니까?**

예문 Example

❶ 전공이 무엇입니까?
What is your major?

❷ 누가 김영수 씨입니까?
Who is Kim Young-su?

❸ 오늘이 몇 월 며칠입니까?
What is the month and the date today?

연습 Practice ( )을 채우십시오.
Fill in the blanks.

1. 가 : 고향이 어디(   )?

   나 : 서울입니다.

2. 가 : 취미가 무엇(   )?

   나 : 바둑입니다.

연습 Practice 대화를 완성하십시오.
Complete the conversation.

1. 가 : ______________________________?

   나 : 중국 사람입니다.

2. 가 : ______________________________?

   나 : 제가 오정희입니다.

127 | 입니다

용법 Usage

주어가 지시하는 대상의 속성을 나타내며 문장의 서술어가 되게 한다.
It expresses the property of an object indicatd by the subject, and makes it as a predicate of a sentence.

활용 형태 Forms of Utilization

입니다 명사 뒤에 사용한다.
It is used behind the noun.

예 영국 사람**입니다**, 교과서**입니다**

예문 Example

❶ 이번 역은 서울역입니다.
This station is Seoul station.

❷ 제 이름은 오정희입니다.
My name is Oh Jeong-hee.

❸ 김치는 한국의 유명한 음식입니다.
Kimchi is a famous Korean food.

ㅇ

연습 Practice (　)을 채우십시오.
Fill in the blanks.

안녕하십니까? 저는 리에(1.　　　　　　　　).

한국대학교 경제학과 3학년(2.　　　　　　　　).

만나서 반갑습니다.

연습 Practice 대화를 완성하십시오.
Complete the conversation.

1. 가 : 누구입니까?

 나 : ______________________________.

2. 가 : 여기는 어디입니까?

 나 : ______________________________.

문법 알아보기

ㅈ

128 | -자

용법 Usage

격식체 반말로 아랫사람이나 동급의 사람에게 제안을 할 때 쓴다.
It is a formal and plain form to make a suggestion to a person who is in a lower rank than you or equal rank.

활용 형태 Forms of Utilization

-자	동사 어간 뒤에 사용한다. It is used behind the verb stem. 예 읽**자**, 보**자**

예문 Example

❶ 배가 고프니까 밥부터 먹자.
Let's eat first since we're hungry.

❷ 교통이 복잡한데 지하철을 타자.
Let's take the subway train since there is a bad traffic.

❸ 오늘은 놀지 말고 열심히 공부하자.
Let's study hard and not hang out today.

참고 Note

'-자'의 부정형은 '-지 말자'이다.
The negative form of '-자' is '-지 말자'.

- 비가 오니까 밖에 나가지 말자.
- 수업 시간이니까 떠들지 말자.

연습 Practice 빈칸을 채우십시오.
Fill in the blanks.

높임말	반말
〈보기〉 서로 자주 연락합시다.	서로 자주 연락하자.
시끄러운데 문을 닫읍시다.	
이따가 같이 산책을 합시다.	
여기에서 사진을 찍지 맙시다.	
내일 만나지 말고 모레 만납시다.	

연습 Practice 대화를 완성하십시오.
Complete the conversation.

1. 가 : 우리 이번 방학에 산에 갈까? 바다에 갈까?

   나 : ______________________________자.

2. 가 : 이번 주말에 뭘 할까?

   나 : ______________________________자.

꼭~ 알아두기

129 | -자고 하다

용법 Usage 다른 사람이 권유하거나 제안한 내용을 간접적으로 옮겨 말할 때 쓴다.
It is used to indirectly speak of someone else's suggestion.

활용 형태 Forms of Utilization

-자고 하다 동사 어간 뒤에 사용한다.
It is used behind the verb stem.

예 듣**자고 하다**, 보**자고 하다**

예문 Example

❶ 친구가 내일 같이 점심을 먹자고 했어.
My friend asked me to have lunch together tomorrow.

❷ 사촌 형이 같이 사업을 하자고 합니다.
My cousin is asking to do a business together.

❸ 남자 친구가 다음 달에 결혼하자고 해요.
My boyfriend is asking me to marry him next month.

참고 Note

'-자고 하다'의 부정형은 '-지 말자고 하다'이다.
The negative form of '-자고 하다' is '-지 말자고 하다'.

- 친구가 버스를 타지 말고 택시를 타자고 했어요.
- 웨이 씨가 비가 오니까 등산하지 말자고 했어요.

연습 Practice 빈칸을 채우십시오.
Fill in the blanks.

〈보기〉 친구 : "내일 만납시다."	친구가 내일 만나자고 합니다.
미선 : "의자에 앉읍시다."	
웨이 : "같이 축구를 하자."	
선배 : "노래방에 가지 말자."	

연습 Practice 대화를 완성하십시오.
Complete the conversation.

1. 가 : 이번 주말에 뭘 할 거예요?

   나 : 친구가 같이 ____________자고 해서 영화관에 갈 거예요.

2. 가 : 동생이 뭐라고 했어요?

   나 : ______________________자고 했어요.

130 | -지만

용법 Usage 앞 문장과 반대되는 내용을 뒤 문장에서 이어 말할 때 쓴다.
It is used to continue a sentence by adding a comment which contrasts with what has been said earlier.

활용 형태 Forms of Utilization

-지만
동사나 형용사 어간 뒤에 사용한다.
It is used behind the verb or adjectival stem.

예 먹**지만**, 노력하**지만**, 작**지만**, 바쁘**지만**

이지만
명사 뒤에 사용한다.
It is used behind the noun.

예 학생**이지만**, 가수**이지만**

-었지만/았지만/였지만
과거나 완료를 나타낼 때 동사나 형용사 어간 뒤에 사용한다.
It is used after the verb or adjectival stem to express past or perfect tense.

예 쉬**었지만**, **샀지만**, 일**했지만**, 힘들**었지만**, 비**쌌지만**, 피곤**했지만**

예문 Example

❶ 한국말이 어렵지만 재미있어요.
Korean is hard but fun.

❷ 동생이 노래는 잘 하지만 운동은 잘 못해요.
My younger brother/sister sings well but not good at sports.

❸ 어제 친구는 파티에 갔지만 나는 가지 않았다.
My friend went to the party, but I didn't.

참고 Note

길을 물어보거나 부탁을 거절할 때 쓸 수 있다.
It is used to ask a direction or to refuse a request.

- 실례지만, 화장실이 어디에 있습니까?
- 미안하지만, 제가 지금 좀 바쁜데요.

연습 Practice 맞는 것을 고르십시오.
Choose the right one.

1. 옷이 비싸지만 안 샀어요. (　　)

   옷이 비싸지만 샀어요. (　　)

2. 어제 많이 일하지만 지금 피곤하지 않아요. (　　)

   어제 많이 일했지만 지금 피곤하지 않아요. (　　)

연습 Practice 두 문장을 한 문장으로 만드십시오.
Make a sentence by combining the two sentences.

1. 비빔냉면이 맵습니다. / 맛있습니다.

   ➡ ______________________________.

2. 형은 공부를 잘 합니다. / 동생은 공부를 잘 못합니다.

   ➡ ______________________________.

ㅈ

131 | –지 말다

용법 Usage

어떤 동작의 금지를 나타낼 때 쓴다. 주로 명령문과 청유문에 쓰인다.

It is used to express prohibition of certain action. It is usually used in imperative or propositive sentences.

활용 형태 Forms of Utilization

–지 말다 동사 어간 뒤에 사용한다.

It is used behind the verb stem.

예 닫**지 말다**, 마시**지 말다**

예문 Example

❶ 여기에서 사진을 찍지 마세요.

Please do not take pictures here.

❷ 공원에 쓰레기를 버리지 맙시다.

Let's not throw trash in the park.

❸ 내일 시험이 있으니까 놀지 말고 공부합시다.

Let's study and not hang out since there is an exam tomorrow.

연습 Practice 문장을 완성하십시오.
Complete the sentence.

1. 건강을 위해서 ____________________지 마십시오. (담배를 피우다)
2. 수업 시간에 ______________지 말자. (떠들다)

연습 Practice 대화를 완성하십시오.
Complete the conversation.

1. 가 : 버스를 탈까요?

   나 : 아니요, ______________________________지 맙시다.

2. 가 : 까만 바지를 살까요?

   나 : 아니요, ______________지 말고 __________________.

132 | –지 못하다

용법 Usage 어떤 능력이 없거나 어떤 일을 할 수 없음을 나타낸다.
It expresses inability or impossibility to do something.

활용 형태 Forms of Utilization

–지 못하다 동사 어간 뒤에 사용한다.
It is used behind the verb stem.

예 입**지 못하다**, 보**지 못하다**

예문 Example

❶ 저는 한국어로 된 책을 읽지 못해요.
I cannot read book in Korean.

❷ 어제 잠을 자지 못해서 피곤합니다.
I am tired because I didn't get a sleep last night.

❸ 다리를 다쳐서 잘 걷지 못합니다.
I cannot walk properly because I hurt my leg.

참고 Note

동사와 함께 쓰는 '–지 못하다'는 '못'으로 바꿔 쓸 수 있다. '못'으로 바꿔 쓸 때는 목적어 뒤에 '못'이 와야 한다.
'–지 못하다' which is used with a verb can be replaced with '못'. When it is replaced with '못', '못' comes behind an object of the sentence.

- 저는 한국어로 된 책을 못 읽어요.
- 어제 잠을 못 자서 피곤합니다.

연습 Practice 맞는 것을 고르십시오.
Choose the right one.

1. 저는 못 스키를 타요. (　　　)

   저는 스키를 못 타요. (　　　)

2. 단어가 어려워서 못 숙제를 했어요. (　　　)

   단어가 어려워서 숙제를 못 했어요. (　　　)

연습 Practice 대화를 완성하십시오.
Complete the conversation.

1. 가 : 한국 음식을 만들 수 있어요?

   나 : 아니요, ______________________지 못해요.

2. 가 : 수영을 잘 해요?

   나 : 아니요, ____________________________.

꼭~ 알아두기

133 | -지 않다

용법 Usage 앞말의 내용을 부정할 때 쓴다.
It is used to deny the information in the preceding clause.

활용 형태 Forms of Utilization

-지 않다 동사나 형용사 어간 뒤에 사용한다.
It is used behind the verb or adjectival stem.

예 듣**지 않다**, 비싸**지 않다**

예문 Example

❶ 저는 건강을 생각해서 튀긴 음식을 먹지 않아요.
I don't eat deep fried food for my body.

❷ 우리 회사는 토요일과 일요일에 일하지 않습니다.
I don't work on saturdays and sundays in at our company.

❸ 가을은 덥지도 않고 춥지도 않아서 독서하기에 좋습니다.
It is good to read a book during autumn because the weather is neither cold nor hot.

참고 Note

'있다'의 부정형은 '있지 않다'가 아니고 '없다'이고, '알다'의 부정형은 '알지 않다'가 아니고 '모르다'이다.
The negative form for '있다' is '없다' and not '있지 않다'. The negative form of '알다' is '모르다' and not '알지 않다'.

- 방학이어서 교실에 학생이 한 명도 없습니다.
- 저는 독일어를 모르니까 독일어로 이야기하지 마세요.

연습 Practice 문장을 완성하십시오.
Complete the sentence.

1. 동생은 축구를 좋아하는데 저는 ____________________지 않습니다.
2. 샤오밍 씨는 숙제를 했는데 웨이 씨는 ________________지 않았어요.

연습 Practice 대화를 완성하십시오.
Complete the conversation.

1. 가 : 요즘 바빠요?

   나 : 아니요, ____.

2. 가: 이번 토요일에 출근합니까?

   나 : 아니요, ____.

134 | -지요?

용법 Usage 이미 알고 있는 것을 확인하듯이 물어 볼 때 쓴다.
It is used to ask a question as if confirming about the information the speaker already knows.

활용 형태 Forms of Utilization

-지요? 동사나 형용사 어간 뒤에 사용한다.
It is used behind the verb or adjectival stem.

예 읽**지요?**, 예쁘**지요?**

이지요? 명사 뒤에 사용한다.
It is used behind the noun.

예 학생**이지요?**, 1시**이지요?**

예문 Example

❶ 오늘 날씨가 아주 좋지요?
The weather today is really nice, isn't it?

❷ 요즘도 아침마다 운동하시지요?
You still exercise every morning thesedays, don't you?

❸ 약속 장소가 학교 정문 앞이지요?
The appointment is at the front gate of the campus, isn't it?

연습 Practice 문장을 완성하십시오.
Complete the sentence.

1. 은행은 4시에 문을 ______________________지요? (닫다)
2. 김 교수님께서 지금 연구실에 ______________________지요? (계시다)

연습 Practice 대화를 완성하십시오.
Complete the conversation.

1. 가 : 요즘 ______________________지요?

   나 : 네, 시험 때문에 아주 바빠요.

2. 가 : 내일은 ______________________지요?

   나 : 아니요, 내일은 공휴일이 아니에요.

ㅊ

135 | 처럼

용법 Usage 모양이나 동작이 비슷하여 닮음을 나타낼 때 쓴다.
It is used to show the similarity in shapes or actions.

활용 형태 Forms of Utilization

처럼 명사 뒤에 사용한다.
It is used behind the noun.

예 눈**처럼**, 영화배우**처럼**

예문 Example

❶ 설악산의 경치가 그림처럼 아름다워요.
The scenary of Mountain Seorak is beautiful as a picture.

❷ 두 사람은 한 형제처럼 지내고 있습니다.
Those two are getting along like brothers.

❸ 저는 가수처럼 노래를 잘 부르고 싶어요.
I want to sing well like a singer.

연습 Practice 관계있는 것을 연결해서 문장을 완성하십시오.
Connect the related ones to make a sentence.

눈 •	• 예쁘다
바다 •	• 하얗다
인형 •	• 넓다

보기

피부가 눈처럼 하얘요.

1. 아이가 ______________처럼 ______________.
2. 아버지의 마음이 ______________처럼 ______________.

연습 Practice 문장을 완성하십시오.
Complete the sentence.

1. 저는 ______________처럼 한국말을 잘 하면 좋겠어요.
2. 민철 씨는 ______________처럼 ______________.

ㅊ

ㅎ

136 | ㅎ 불규칙 용언

용법 Usage

ㅎ 불규칙 용언은 형용사 어간이 'ㅎ'으로 끝나는 일부 형용사(빨갛다, 이렇다, 어떻다, 하얗다, 노랗다 등)를 말한다. ㅎ 불규칙 용언은 뒤에 모음으로 시작하는 어미가 오면 받침 'ㅎ'이 없어진다. 또한 뒤에 '어/아'로 시작하는 문형이 오면 받침 'ㅎ'이 없어지고 '어/아'는 'ㅐ'가 되고 '여/야'는 'ㅒ'가 된다.

ㅎ irregular adjectives indicate few adjectives with adjectival stems ending with 'ㅎ' such as 빨갛다, 이렇다, 어떻다, 하얗다, 노랗다, etc. The final consonant 'ㅎ' is dropped when an ending that starts with vowels comes behind ㅎ irregular verbs. When an expression starting with '어/아' comes behind ㅎ irregular verbs, 'ㅎ' is dropped, '어/아' becomes 'ㅐ', and '여/야' becomes 'ㅒ'.

활용 형태 Forms of Utilization

빨갛다 + -은/ㄴ → **빨간**
이렇다 + -어서/아서 → **이래서**

예문 Example

❶ 이 색깔은 어때요?
What do you think of this color?

❷ 피부가 눈처럼 하얘요.
Your skin is white as snow.

❸ 노란 티셔츠에는 파란 바지가 잘 어울려요.
Yellow t-shirt goes very well with blue pants.

연습 Practice 빈칸을 채우십시오.
Fill in the blanks.

ㅎ 불규칙 용언	–습니까?/ㅂ니까?	–어서/아서	–은/ㄴ	–었어요/았어요
파랗다				
노랗다				
하얗다				
까맣다				
그렇다				
저렇다				
어떻다				

연습 Practice 대화를 완성하십시오.
Complete the conversation.

1. 가 : 어느 우산을 드릴까요?

   나 : ______________________은/ㄴ 우산을 주세요. (까맣다)

2. 가 : 한국 생활이 ____________________었어요/았어요? (어떻다)

   나 : 재미있었어요. 친구도 많이 사귀고 여행도 많이 했어요.

137 | 하고

용법 Usage 명사와 명사 사이에 쓰여 여러 사물이나 사람을 열거할 때 쓴다. 주로 말을 할 때 쓴다.
It is used between nouns to list several objects or persons. It is usually used in spoken language.

활용 형태 Forms of Utilization

하고 명사 뒤에 사용한다.
It is used behind the noun.
예 수박**하고**, 아이**하고**

예문 Example

❶ 토요일하고 일요일에는 수업이 없어요.
I don't have a class on saturdays and sundays.

❷ 영수하고 미선은 초등학교 동창이에요.
Young-su and Mi-sun are my friends from elementary school.

❸ 우리는 식당에 가서 된장찌개하고 갈비탕을 시켰다.
We went to a restaurant and ordered a soybean soup and Kalbi soup.

참고 Note

'하고'는 어떤 동작을 함께 하는 대상임을 나타내기도 한다. 이때 '하고' 다음에 '같이'나 '함께'를 쓸 수도 있다.
'하고' can be used to mention the person who does the action together. '같이' or '함께' may be used next to '하고'.

- 어제 저녁에 친구하고 같이 영화를 봤어요.
- 나는 이번 여름 방학에 가족하고 함께 바다에 갈 거야.

연습 Practice (　)을 채우십시오.
Fill in the blanks.

1. 책상 위에 교과서(　　) 전자사전이 있다.
2. 저는 수업이 끝나고 반 친구들(　　) 점심을 먹었어요.

연습 Practice 대화를 완성하십시오.
Complete the conversation.

1. 가 : 이번 생일에 무슨 선물을 받고 싶어요?

   나 : ______________________________.

2. 가 : 혼자 백화점에 갔어요?

   나 : 아니요, ______________________________.

II

연습문제

유형별 연습문제

종합 연습문제

유형별 연습문제

I. 〈보기〉와 같이 (   )에 알맞은 것을 고르십시오.

보기 여기(   ) 학교입니다.
✔ 는 ② 를 ③ 의 ④ 와

1. 주말에 연극(   ) 볼 거예요.

① 가 ② 을 ③ 의 ④ 에

2. 교과서가 있어요. 공책(   ) 있어요.

① 을 ② 은 ③ 도 ④ 과

3. 내일 몇 시(   ) 만날까요?

① 에 ② 로 ③ 에서 ④ 에게

4. 다음 주에 영국(   ) 출장을 갈 거예요.

① 하고 ② 에서 ③ 에게 ④ 으로

5. 교수님(   ) 전화를 하셨습니다.

① 을 ② 에게 ③ 께 ④ 께서

6. 서점(   ) 잡지를 사겠습니다.

① 으로 ② 까지 ③ 에서 ④ 에

7. 시간이 조금(   ) 없습니다.

① 밖에 ② 안에 ③ 만 ④ 은

8. 미국(   ) 수도가 어디입니까?

① 과 ② 을 ③ 에 ④ 의

9. 두 시(　　) 세 시에 전화해 주십시오.

❶ 도　　❷ 나　　❸ 는　　❹ 에

10. 책이 몇 권(　　) 있어요?

❶ 을　　❷ 도　　❸ 이나　　❹ 하고

11. 저는 비빔밥을 좋아하는데 리에 씨(　　) 무슨 음식을 좋아하세요?

❶ 도　　❷ 는　　❸ 만　　❹ 를

12. 몇 시(　　) 수업이 있어요?

❶ 에서　　❷ 동안　　❸ 부터　　❹ 만에

13. 오늘 아침에 밥을 먹지 않고 커피(　　) 마셨어요.

❶ 도　　❷ 가　　❸ 만　　❹ 에

14. 전자상가에 가서 휴대전화(　　) 디지털카메라를 샀어요.

❶ 은　　❷ 는　　❸ 과　　❹ 와

15. 한국 전통 문화(　　) 공부하고 싶어요.

❶ 에다가　　❷ 에게서　　❸ 에 대해서　　❹ 에 비해서

16. 리에는 나(　　) 키가 커요.

❶ 하고　　❷ 보다　　❸ 까지　　❹부터

17. 시간이 없으니까 김밥(　　) 먹읍시다.

❶ 도　　❷ 과　　❸ 하고　　❹ 이나

18. 가을이 되면 나뭇잎이 빨간색(　　) 변합니다.

❶ 으로　　❷ 에서　　❸ 에게　　❹ 까지

19. 웨이 씨는 한국사람(   ) 한국말을 잘 해요.

❶ 부터 ❷ 밖에 ❸ 처럼 ❹ 만에

20. 10년(   ) 고향에 돌아왔습니다.

❶ 동안 ❷ 에서 ❸ 만에 ❹ 까지

Ⅱ. 〈보기〉와 같이 (   )에 알맞은 것을 고르십시오.

보기

가 : 무엇을 합니까?
나 : 책을 (   ).

✔ 읽어요 ❷ 읽으세요 ❸ 읽을게요 ❹ 읽겠어요

1. 가 : 제가 무슨 일을 할까요?
   나 : 너는 방을 (   ).

❶ 닦아라 ❷ 닦았어요 ❸ 닦겠어 ❹ 닦읍시다

2. 가 : 담배를 끊어라.
   나 : 네, 담배를 (   ).

❶ 끊으세요 ❷ 끊지 맙시다 ❸ 끊을게요 ❹ 끊지 않아요

3. 가 : 우리 어디에서 만날까?
   나 : 커피숍에서 (   ).

❶ 만나자 ❷ 만난다 ❸ 만났다 ❹ 만나라

4. 가 : 내일 날씨가 어떨까요?
   나 : 내일 비가 (   ).

❶ 왔어요 ❷ 오세요 ❸ 올게요 ❹ 올 것 같아요

5. 가 : 유학을 오기 전에 뭘 하셨어요?
   나 : 대학교에 (   ).

   ❶ 다녀요　　　　❷ 다녔어요
   ❸ 다니세요　　　❹ 다니셨어요

6. 가 : 방학에 뭘 할 거예요?
   나 : 유럽에 (   ).

   ❶ 여행을 갔어요　　　❷ 여행을 갔는데요
   ❸ 여행을 가세요　　　❹ 여행을 가려고 해요

7. 가 : 여기에서 사진을 찍어도 돼요?
   나 : 아니요, 사진을 (   ).

   ❶ 안 찍어도 돼요　　　❷ 찍으면 안 돼요
   ❸ 찍어도 괜찮아요　　❹ 안 찍어야 해요

8. 가 : 심심해요.
   나 : 그럼 같이 게임을 (   )?

   ❶ 하세요　　　❷ 했어요
   ❸ 할래요　　　❹ 할게요

9. 가 : 태국에 가 봤어요?
   나 : 네, 1년 전에 태국에 (   ).

   ❶ 가나 봐요　　　❷ 가 볼까 해요
   ❸ 가 본 적이 있어요　　❹ 가 보기로 했어요

10. 가 : 피아노를 칠 수 있어요?
    나 : 아니요, 피아노를 (   ).

   ❶ 치지 못해요　　　❷ 치지 않아요
   ❸ 치지 않을게요　　❹ 친 적이 있어요

11. 가 : 친구들과 약속을 했어요?
나 : 네, 내일 10시에 (   ).

❶ 만났나 봐요 ❷ 만났어요
❸ 만나기로 했어요 ❹ 만난 적이 있어요

12. 가 : 차가 많이 밀리는군요.
나 : 교통사고가 (   ).

❶ 나면 돼요 ❷ 났나 봐요
❸ 나도 돼요 ❹ 나야 해요

13. 가 : 덥습니까?
나 : 네, 에어컨을 (   ).

❶ 꺼 주세요 ❷ 켜 주세요
❸ 꺼서 주세요 ❹ 켜서 주세요

14. 가 : 내일 시간이 있어요?
나 : 내일은 좀 (   ).

❶ 바쁜데요 ❷ 바빴는데요
❸ 바쁘세요 ❹ 바쁠까 해요

15. 가 : 시계가 어디에 있습니까?
나 : 시계가 벽에 (   ).

❶ 걸었어요 ❷ 걸고 있어요
❸ 걸려 있어요 ❹ 걸 거예요

16. 가 : 저 사람을 알아요?
나 : 아니요, (   ).

❶ 몰라요 ❷ 몰랐어요
❸ 알지 않아요 ❹ 알지 않았어요

17. 가 : 제가 이 구두를 살까요?
나 : 아니요, 비싸니까 ( ).

❶ 사지 않아요 ❷ 사지 맙시다
❸ 사지 마세요 ❹ 사지 않으세요

18. 가 : 내일 파티에 손님들이 많이 올까요?
나 : 아마 많이 ( ).

❶ 왔어요 ❷ 올 거예요
❸ 오셨어요 ❹ 오는군요

19. 가 : 어제 6시에 뭘 하고 있었어요?
나 : 집에서 음식을 ( ).

❶ 만들어요 ❷ 만들 거예요
❸ 만들고 있어요 ❹ 만들고 있었어요

20. 가 : 학교 앞 새로 생긴 식당에 가 봤어요?
나 : 네, 음식이 ( ).

❶ 맛있군요 ❷ 맛있더군요
❸ 맛있겠어요 ❹ 맛있어졌어요

Ⅲ. 〈보기〉와 같이 ( )에 알맞은 것을 고르십시오.

보기

가 : 왜 한국말을 공부해요?
나 : 한국 노래를 ( ) 한국말을 공부해요.
❶ 좋아해서 ❷ 좋아하러 ❸ 좋아하거나 ❹ 좋아하려고

1. 가 : 주말에 무엇을 했어요?
나 : 청소를 ( ) 텔레비전을 봤어요.

❶ 하러 ❷ 하면 ❸ 해서 ❹ 하고

2. 가 : 어디에 가세요?
   나 : (   ) 도서관에 가요.

   ❶ 책을 빌리는데　　❷ 책을 빌리려고
   ❸ 책을 빌려서　　❹ 책을 빌리기 때문에

3. 가 : 한국말 공부가 어떻습니까?
   나 : (   ) 재미있어요.

   ❶ 어려워서　　❷ 어려우면　　❸ 어렵지만　　❹ 어렵거나

4. 가 : 저는 여름을 (   ) 샤오밍 씨는 어느 계절을 좋아하세요?
   나 : 저도 여름을 좋아해요.

   ❶ 좋아해서　　❷ 좋아하면　　❸ 좋아하지만　　❹ 좋아하는데

5. 가 : 조금 전에 책을 (   ) 사람이 누구예요?
   나 : 리에 씨예요.

   ❶ 읽을　　❷ 읽은　　❸ 읽는　　❹ 읽고

6. 가 : 한국에 처음 왔어요?
   나 : 아니요, 삼 년(   ) 한국에 온 적이 있어요.

   ❶ 전에　　❷ 후에　　❸ 동안　　❹ 만에

7. 가 : 내일 뭘 할 계획이에요?
   나 : 도시락을 (   ) 가까운 공원에 갈 생각이에요.

   ❶ 준비하러　　❷ 준비하다가　　❸ 준비해 가지고　　❹ 준비하는데

8. 가 : 리에 씨는 인기가 많은 것 같아요.
   나 : 네, 얼굴도 (   ) 성격도 좋으니까요.

   ❶ 예뻐서　　❷ 예뻐도　　❸ 예쁘다가　　❹ 예쁜 데다가

9. 가 : 몇 시에 만날까요?
나 : (   ) 좋아요.

❶ 언제든지 ❷ 누구든지 ❸ 아무데나 ❹ 아무거나

10. 가 : 어제 제가 보낸 이메일을 읽어 보셨어요?
나 : 아니요, 제가 집에 가서 (   ) 답장을 보내겠습니다.

❶ 확인하기 전에 ❷ 확인하는 대로
❸ 확인할 테니까 ❹ 확인했을지

11. 가 : 학교에서 영수 씨를 만났나요?
나 : 아니요, 학교에 (   ) 만났어요.

❶ 가다가 ❷ 갔다가 ❸ 가서 ❹ 가고

12. 가 : 어디로 유학을 갈 거예요?
나 : 글쎄요. 미국으로 (   ) 한국으로 (   ) 생각 중이에요.

❶ 가면 ❷ 가러 ❸ 가서 ❹ 갈지

13. 가 : 요가를 아주 잘 하시는군요. 언제부터 배웠어요?
나 : (   ) 3년 됐어요.

❶ 배워도 ❷ 배워서 ❸ 배운 지 ❹ 배우면

14. 가 : 웨이 씨가 어디에 있는지 알아요?
나 : 글쎄요, 급한 일이 있으면 샤오밍 씨에게 (   ) 물어보세요.

❶ 전화하고 ❷ 전화하러 ❸ 전화해도 ❹ 전화해서

15. 가 : 2시에 찾으러 (   ) 그때까지 휴대전화를 수리해 주세요.
나 : 알겠습니다. 2시에 오세요.

❶ 올 테니까 ❷ 올 것 같아서
❸ 왔으니까 ❹ 왔는데

16. 가 : 한국어가 어때요?
    나 : 배우면 (   ) 재미있어요.

❶ 배울수록　❷ 배우니까　❸ 배우거나　❹ 배우는데

17. 가 : 실례지만 여기에서 담배를 피워도 될까요?
    나 : 아니요, 여기에서는 담배를 (   ) 안 됩니다.

❶ 피워도　❷ 피워서　❸ 피우게　❹ 피우면

18. 가 : 한국에 유학을 간다고 들었어요.
    나 : 네, 한국 역사를 (   ) 한국에 가기로 했어요.

❶ 배우기 때문에　❷ 배우기 위해서　❸ 배울 것 같아서　❹ 배운 것 같아서

19. 가 : 주말에 비가 온다고 하는데 등산을 갈 거예요?.
    나 : 오랜만에 만나는 모임이어서 비가 (   ) 가려고 해요.

❶ 오면　❷ 오고　❸ 와도　❹ 와서

20. 가 : 영수 씨가 언제 올 거라고 해요?
    나 : 차가 밀려서 조금 늦게 (   ) 하는데요.

❶ 온다고　❷ 오자고　❸ 오라고　❹ 왔다고

Ⅳ. 〈보기〉와 같이 밑줄 친 부분이 틀린 것을 고르십시오.

> **보기**
> ❶ 극장에 갑시다.
> ❷ 축구를 합시다.
> ❸ 노래를 부릅시다.
> ✔ 함께 걷읍시다.

1.

❶ 창문을 닫으세요.

❷ 안녕히 있으세요.

❸ 저를 좀 도와주세요.

❹ 의자에 앉아서 기다리세요.

2.

❶ 미선 씨가 예쁘어요.

❷ 이 영화가 재미있어요.

❸ 아침마다 운동을 해요.

❹ 극장에서 영화를 봐요.

3.

❶ 피아노를 칠 수 있어요.

❷ 이 의자에 앉을 수 있어요.

❸ 한국말로 전화할 수 있어요.

❹ 스파게티를 만들을 수 있어요.

4.

❶ 전화가 끊어졌어요.

❷ 에어컨이 꺼졌어요.

❸ 요즘 힘들어서 살이 빼졌어요.

❹ 바람이 많이 불어서 창문이 깨졌어요.

5.

❶ 많이 걸어서 다리가 아픕니다.

❷ 저는 노래 들는 것을 좋아합니다.

❸ 시끄러운데 문을 좀 닫아 주십시오.

❹ 오늘 생일 선물을 많이 받았습니다.

6.

❶ 서울에서 삽니다.

❷ 음악을 듣습니다.

❸ 집이 아주 가깝어요.

❹ 저는 겨울이 제일 좋아요.

7.

❶ 다리가 많이 붓었어요.

❷ 웃는 모습이 아주 예뻐요.

❸ 요즘 날씨가 추워졌어요.

❹ 샤오밍 씨 전화번호를 알아요.

8.

❶ 가을 하늘이 파래요.

❷ 친구는 얼굴이 빨개졌어요.

❸ 눈이 많이 와서 세상이 하야요.

❹ 요즘 거기는 날씨가 어떻습니까?

9.

❶ 시간이 없는데요.

❷ 지금 좀 바쁘는데요.

❸ 이 옷이 좀 작은데요.

❹ 이 가방이 너무 비싼데요.

10.

❶ 전망이 아주 좋군요.

❷ 이 음식이 너무 맵군요.

❸ 공부를 열심히 하는군요.

❹ 어제 눈이 많이 왔는군요.

11.

❶ 시끄럽게 떠들지 마라.

❷ 이번 주에는 만나지 말자.

❸ 이 가방이 무겁지 않는다.

❹ 나는 춤을 잘 추지 못한다.

12.

❶ 동생이 게임을 하자고 해요.

❷ 친구가 요즘 바쁘다고 해요.

❸ 친구가 돈을 빌려 달라고 해요.

❹ 선생님이 늦게 오지 마라고 하세요.

13.

❶ 한국에 오게 됐어요.

❷ 갑자기 고향에 돌아가게 됐어요.

❸ 발음이 좋게 됐어요.

❹ 뉴스를 듣고 알게 됐어요.

14.

❶ 어제 먹은 음식이 맛있었어요.

❷ 맛있는 음식을 만들어 주세요.

❸ 내일 할 일을 수첩에 적습니다.

❹ 비싸는 물건을 많이 사지 마세요.

15.

❶ 많이 일해서 피곤합니다.

❷ 시간이 없어서 택시를 탑시다.

❸ 늦게 일어나서 학교에 늦었어요.

❹ 술을 많이 마셔서 머리가 아파요.

16.

❶ 집을 사러 돈을 모읍니다.

❷ 돈을 찾으려고 은행에 갔어요.

❸ 상을 받기 위해서 열심히 연습합니다.

❹ 도서관에 들어가려면 학생증이 있어야 합니다.

17.

❶ 자기 전에 일기를 씁니다.

❷ 지하철이 깨끗하고 빠릅니다.

❸ 목이 마르니까 물 좀 주세요.

❹ 숙제를 한 동안 음악을 들었어요.

18.

❶ 앞에서 사고가 난 것 같아요.

❷ 아기가 어디 아픈 것 같아요.

❸ 내일 비가 많이 온 것 같아요.

❹ 웨이 씨가 미선 씨를 좋아하는 것 같아요.

19.

❶ 돈이 많으면 뭘 하고 싶어요?
❷ 교실에 들어가고 아무도 없었다.
❸ 도서관에 가서 소설책을 빌렸어요.
❹ 친구를 만나러 커피숍에 가는 길이에요.

20.

❶ 날씨가 더운데 에어컨을 켭니다.
❷ 어제부터 열도 나고 기침도 나요.
❸ 비가 오는 데다가 바람도 많이 불어요.
❹ 저는 취미가 영화 감상인데 샤오밍 씨는 취미가 뭐예요?

V. 〈보기〉와 같이 빈칸에 알맞은 것을 고르십시오.

보기

가 : 베이징에 살아요?
나 : ______________________.

❶ 네, 베이징에 살아요 ❷ 아니요, 베이징이에요
❸ 네, 베이징에 없어요 ❹ 아니요, 베이징에 갔어요

1. 가 : 어디 가세요?
나 : ______________________.

❶ 우체국에 가세요 ❷ 우체국에 가요
❸ 우체국에서 가세요 ❹ 우체국에서 가요

2. 가 : 할아버지께서 뭘 하세요?
나 : ______________________.

❶ 신문을 봤어요 ❷ 신문을 보겠어요
❸ 신문을 보세요 ❹ 신문을 볼까 해요

3. 가 : 신발을 샀어요?
나 : ______________________________.

❶ 네, 사요 ❷ 아니요, 사세요

❸ 네, 샀어요 ❹ 아니요, 사지 않아요

4. 가 : 여기가 학생회관이에요?
나 : ______________________________.

❶ 네, 학생회관이 있어요 ❷ 아니요, 학생회관이에요

❸ 네, 학생회관이 없어요 ❹ 아니요, 학생회관이 아니에요

5. 가 : 주말에 보통 무엇을 합니까?
나 : ______________________________.

❶ 집에서 쉽니다 ❷ 집에서 쉬는군요

❸ 집에서 쉽시다 ❹ 집에서 쉬십시오

6. 가 : ______________________________?
나 : 저는 목요일이 좋아요.

❶ 언제 만날까요 ❷ 몇 시에 만날까요

❸ 목요일에 뭐 해요 ❹ 목요일이 좋아요

7. 가 : 마이클 씨 여자 친구가 한국 사람이라고 해요.
나 : 그래요? ______________________________.

❶ 한국 사람이 아니에요 ❷ 미국 사람이에요

❸ 한국 사람인 줄 알았어요 ❹ 미국 사람인 줄 알았어요

8. 가 : ______________________________?
나 : 네, 에어컨을 끄세요.

❶ 같이 에어컨을 끌까요 ❷ 에어컨을 껐나요

❸ 제가 에어컨을 끌까요 ❹ 에어컨을 껐어요

9. 가 : ______________________________?
   나 : 여동생한테 주려고 해요.

   ❶ 이 꽃다발은 누가 줄 거예요　❷ 이 꽃다발은 누가 줬어요
   ❸ 이 꽃다발은 누구에게 줄 거예요　❹ 이 꽃다발은 누구에게 줬어요

10. 가 : 어디에서 만날까요?
    나 : ______________________________.

    ❶ 지난번에 커피숍에서 만났어요　❷ 지난번에 만나던 커피숍에서 만나요
    ❸ 지난번에 만나는 커피숍에서 만나요　❹ 지난번에 만났던 커피숍에서 만나요

11. 가 : 점심 먹으러 가는데 같이 갈래요?
    나 : ______________________________.

    ❶ 바쁘면 먼저 갈게요　❷ 바쁘면 가지 마세요
    ❸ 바빠서 못 가요　❹ 바빠서 안 갔어요

12. 가 : 약속장소가 어디지요?
    나 : ______________________________.

    ❶ 학생식당에 만나기로 했어요　❷ 학생식당에서 만나기로 했어요
    ❸ 학생식당에 가기로 했어요　❹ 학생식당에서 가기로 했어요

13. 가 : 어제 오래간만에 초등학교 동창회에 갔어요.
    나 : 그래요?______________________________.

    ❶ 아주 반가워요.　❷ 아주 반가웠어요
    ❸ 아주 반가웠군요　❹ 아주 반가웠겠군요

14. 가 : 웨이 씨는 몇 시에 도착한다고 했어?
    나 : ______________________________.

    ❶ 2시쯤 도착하냐고 했어　❷ 2시쯤 도착한다고 했어
    ❸ 2시쯤 도착하자고 했어　❹ 2시쯤 도착하라고 했어

15. 가 : 옆에 계신 분은 누구세요?
    나 : ____.

❶ 마이클 씨이기는 하지만 미국에서 왔어요
❷ 마이클 씨여도 미국에서 왔어요
❸ 마이클 씨이기 때문에 미국에서 왔어요
❹ 마이클 씨인데 미국에서 왔어요

16. 가 : 오늘 점심 약속을 못 지키겠어요.
    나 : ____?
    가 : 고향에서 부모님께서 오셨어요.

❶ 약속을 했나요 ❷ 약속을 지키나요
❸ 무슨 일이 있나요 ❹ 무슨 일이 없나요

17. 가 : 지난주에 뭘 했어?
    나 : ____.
    가 : 그래? 나도 경주에 다녀왔는데.

❶ 경주에 갔다가 왔어 ❷ 경주에 가 본 적이 있어
❸ 경주에 가려고 했어 ❹ 경주에 가 본 적이 없어

18. 가 : 이 빨간색 티셔츠를 입어 보세요.
    나 : ____?
    가 : 네, 아주 잘 어울릴 것 같아요.

❶ 저에게 잘 어울릴래요? ❷ 저에게 잘 어울릴 거예요?
❸ 저에게 잘 어울릴까요? ❹ 저에게 잘 어울렸어요?

19. 가 : 휴가 계획은 세웠나요?
    나 : ____.
    가 : 저도 동해에 한번 가 보고 싶었는데 같이 갈래요?

❶ 네, 동해에 갔어요 ❷ 네, 동해에 가세요
❸ 네, 동해에 가는군요 ❹ 네, 동해에 갈까 해요

20. 가 : 내일 약속이 2시지요? 늦게 오지 마세요.
나 : ________________________________.
가 : 그럼 내일 만나요.

❶ 네, 2시까지 가겠습니다. ❷ 네, 2시까지 가십시오.

❸ 네, 2시까지 갑니다. ❹ 네, 2시까지 갑시다.

Ⅵ. 〈보기〉와 같이 두 문장을 바르게 연결한 것을 고르십시오.

보기

숙제를 했습니다. 잤습니다.

❶ 숙제를 하고 잤습니다. ❷ 숙제를 하러 잤습니다.
❸ 숙제를 하면 잤습니다. ❹ 숙제를 하니까 잤습니다.

1. 피곤합니다. 좀 쉽시다.

❶ 피곤해서 좀 쉽시다. ❷ 피곤하고 좀 쉽시다.
❸ 피곤하려면 좀 쉽시다. ❹ 피곤하니까 좀 쉽시다.

2. 시험에 합격합니다. 열심히 공부해야 합니다.

❶ 시험에 합격하러 열심히 공부해야 합니다.
❷ 시험에 합격하려면 열심히 공부해야 합니다.
❸ 시험에 합격하면서 열심히 공부해야 합니다.
❹ 시험에 합격할수록 열심히 공부해야 합니다.

3. 교실에 들어갔습니다. 아무도 없었습니다.

❶ 교실에 들어가면 아무도 없었습니다.
❷ 교실에 들어가서 아무도 없었습니다.
❸ 교실에 들어가니까 아무도 없었습니다.
❹ 교실에 들어가자마자 아무도 없었습니다.

4. 수업이 끝납니다. 바로 집에 돌아갈 거예요.

❶ 수업이 끝나는 데다가 집에 돌아갈 거예요.
❷ 수업이 끝나는 대로 집에 돌아갈 거예요.
❸ 수업이 끝나기 위해서 집에 돌아갈 거예요.
❹ 수업이 끝나면 끝날수록 집에 돌아갈 거예요.

5. 돈이 많습니다. 좋은 자동차를 사고 싶어요.

❶ 돈이 많으면 좋은 자동차를 사고 싶어요.
❷ 돈이 많지만 좋은 자동차를 사고 싶어요.
❸ 돈이 많으려면 좋은 자동차를 사고 싶어요.
❹ 돈이 많으면서 좋은 자동차를 사고 싶어요.

6. 소포를 부칩니다. 우체국에 갑니다.

❶ 소포를 부치러 우체국에 갑니다.
❷ 소포를 부치고 우체국에 갑니다.
❸ 소포를 부쳐도 우체국에 갑니다.
❹ 소포를 부쳐서 우체국에 갑니다.

7. 저 구두가 예쁩니다. 너무 비쌉니다.

❶ 저 구두가 예쁘고 너무 비쌉니다.
❷ 저 구두가 예쁘면서 너무 비쌉니다.
❸ 저 구두가 예쁘기는 하지만 너무 비쌉니다.
❹ 저 구두가 예쁘면 예쁠수록 너무 비쌉니다.

8. 심심합니다. 친구에게 전화를 걸어요.

❶ 심심하거나 친구에게 전화를 걸어요.
❷ 심심할 때 친구에게 전화를 걸어요.
❸ 심심하면서 친구에게 전화를 걸어요.
❹ 심심하기 위해서 친구에게 전화를 걸어요.

9. 친구가 친절합니다. 똑똑합니다.

❶ 친구가 친절하고 똑똑합니다.
❷ 친구가 친절하면 똑똑합니다.
❸ 친구가 친절하지만 똑똑합니다.
❹ 친구가 친절하니까 똑똑합니다.

10. 금메달을 땁니다. 열심히 연습하고 있어요.

❶ 금메달을 따서 열심히 연습하고 있어요.
❷ 금메달을 따러 열심히 연습하고 있어요.
❸ 금메달을 따기 때문에 열심히 연습하고 있어요.
❹ 금메달을 따기 위해서 열심히 연습하고 있어요.

11. 배가 고픕니다. 식당에 갈까요?

❶ 배가 고프고 식당에 갈까요?
❷ 배가 고파서 식당에 갈까요?
❸ 배가 고픈데 식당에 갈까요?
❹ 배가 고파도 식당에 갈까요?

12. 차를 마십니다. 친구들과 얘기합니다.

❶ 차를 마시지만 친구들과 얘기합니다.
❷ 차를 마시면서 친구들과 얘기합니다.
❸ 차를 마시는데 친구들과 얘기합니다.
❹ 차를 마신 데다가 친구들과 얘기합니다.

13. 여기 저기 찾아 봤어요. 아무 데도 없었습니다.

❶ 여기 저기 찾아 봐서 아무 데도 없었습니다.
❷ 여기 저기 찾아 보면서 아무 데도 없었습니다.
❸ 여기 저기 찾아 봤지만 아무 데도 없었습니다.
❹ 여기 저기 찾아 봤으니까 아무 데도 없었습니다.

14. 창문을 닫았습니다. 창문을 열었습니다.

❶ 창문을 닫으면서 열었습니다.
❷ 창문을 닫으니까 열었습니다.
❸ 창문을 닫았다가 열었습니다.
❹ 창문을 닫았지만 열었습니다.

15. 해외여행을 갑니다. 아르바이트를 합니다.

❶ 해외여행을 가는데 아르바이트를 합니다.
❷ 해외여행을 가려고 아르바이트를 합니다.
❸ 해외여행을 가러 아르바이트를 합니다.
❹ 해외여행을 가고 아르바이트를 합니다.

16. 동해에서 일출을 봤어요. 영화의 한 장면 같았어요.

❶ 동해에서 일출을 봤지만 영화의 한 장면 같았어요.
❷ 동해에서 일출을 봤는데 영화의 한 장면 같았어요.
❸ 동해에서 일출을 봤으면 영화의 한 장면 같았어요.
❹ 동해에서 일출을 봤으니까 영화의 한 장면 같았어요.

17. 한가할 때는 낚시를 합니다. 등산을 갑니다.

❶ 한가할 때는 낚시를 하지만 등산을 갑니다.
❷ 한가할 때는 낚시를 하거나 등산을 갑니다.
❸ 한가할 때는 낚시를 하니까 등산을 갑니다.
❹ 한가할 때는 낚시를 하면서 등산을 갑니다.

18. 월급이 적습니다. 저에게 맞는 직장을 구하고 싶습니다.

❶ 월급이 적어도 저에게 맞는 직장을 구하고 싶습니다.
❷ 월급이 적어서 저에게 맞는 직장을 구하고 싶습니다.
❸ 월급이 적으면 저에게 맞는 직장을 구하고 싶습니다.
❹ 월급이 적은데 저에게 맞는 직장을 구하고 싶습니다.

19. 술을 많이 마셨습니다. 건강이 나빠졌습니다.

❶ 술을 많이 마셨지만 건강이 나빠졌습니다.
❷ 술을 많이 마셨으면 건강이 나빠졌습니다.
❸ 술을 많이 마셔서 그런지 건강이 나빠졌습니다.
❹ 술을 많이 마실 테니까 건강이 나빠졌습니다.

20. 경복궁에는 역사적인 볼거리가 많습니다. 재미있을 거예요.

❶ 경복궁에는 역사적인 볼거리가 많아서 재미있을 거예요.
❷ 경복궁에는 역사적인 볼거리가 많으면 재미있을 거예요.
❸ 경복궁에는 역사적인 볼거리가 많거나 재미있을 거예요.
❹ 경복궁에는 역사적인 볼거리가 많다가 재미있을 거예요.

Ⅶ. 비슷한 뜻의 문장을 고르십시오.

보기

텔레비전을 보면서 저녁을 먹었어요.

❶ 텔레비전을 본 후에 저녁을 먹었어요.
❷ 텔레비전을 보는 동안 저녁을 먹었어요. ✔
❸ 텔레비전을 보기 전에 저녁을 먹었어요.
❹ 텔레비전을 보고 바로 저녁을 먹었어요.

1.

일찍 일어나려면 일찍 자야 해요.

❶ 일찍 일어나서 일찍 자야 해요.
❷ 일찍 일어나고 일찍 자야 해요.
❸ 일찍 일어나는 대로 일찍 자야 해요.
❹ 일찍 일어나고 싶으면 일찍 자야 해요.

2.

두 사람이 싸운 것 같아요.

❶ 두 사람이 싸웠어요.
❷ 두 사람이 싸웠나 봐요.
❸ 두 사람이 싸울 거예요.
❹ 두 사람이 싸울지 몰라요.

3.

이 옷이 예쁘지만 좀 작습니다.

❶ 이 옷이 예쁜데 좀 작습니다.
❷ 이 옷이 예쁘고 좀 작습니다.
❸ 이 옷이 예쁘면 좀 작습니다.
❹ 이 옷이 예쁘니까 좀 작습니다.

4.

누구하고 점심을 먹었어요?

❶ 누가 점심을 먹었어요?
❷ 누구 때문에 점심을 먹었어요?
❸ 누구와 함께 점심을 먹었어요?
❹ 누구를 위해서 점심을 먹었어요?

5.

나는 친구에게 예쁜 장갑을 선물했다.

❶ 나하고 친구는 예쁜 장갑을 줬다.
❷ 나는 친구한테 예쁜 장갑을 줬다.
❸ 나하고 친구는 예쁜 장갑을 받았다.
❹ 나는 친구에게서 예쁜 장갑을 받았다.

6.

영화를 본 사람은 샤오밍 씨입니다.

❶ 샤오밍 씨가 영화를 봤습니다.
❷ 샤오밍 씨가 영화를 볼 거예요.
❸ 샤오밍 씨가 영화를 보고 있어요.
❹ 샤오밍 씨가 영화를 보려고 합니다.

7.

저는 피아노를 칠 수 없어요.

❶ 저는 피아노를 치지 않아요.
❷ 저는 피아노를 치지 못해요.
❸ 저는 피아노를 치지 않을게요.
❹ 저는 피아노를 치고 싶지 않아요.

8.

여기에 앉아도 돼요.

❶ 여기에 앉으면 돼요.
❷ 여기에 앉을까 해요.
❸ 여기에 앉아야 해요.
❹ 여기에 앉아도 괜찮아요.

9.

설렁탕을 먹어 본 적이 있습니다.

❶ 설렁탕을 자주 먹습니다.
❷ 설렁탕을 먹어 보려고 합니다.
❸ 설렁탕을 먹어 봤습니다.
❹ 설렁탕을 먹었으면 좋겠습니다.

10.

웨이 씨가 고향에 돌아간 줄 알았어요.

❶ 웨이 씨는 고향에 돌아갔어요.
❷ 웨이 씨는 고향에 돌아가고 있어요.
❸ 웨이 씨는 고향에 돌아가지 않았어요.
❹ 웨이 씨는 고향에 돌아가지 않을 거예요.

11.

회사에 가다가 동료를 만났어요.

❶ 회사에서 동료를 만났어요.
❷ 회사에 가서 동료를 만났어요.
❸ 회사에 가니까 동료를 만났어요.
❹ 회사에 갈 때 동료를 만났어요.

12.

열이 많이 나는 데다가 배도 아파요.

❶ 열이 많이 나고 배도 아파요.
❷ 열이 많이 나면 배도 아파요.
❸ 열이 많이 나서 배도 아파요.
❹ 열이 많이 나다가 배도 아파요.

13.

술은 포도주 한 잔밖에 못 마셔요.

❶ 포도주만 마실 수 있어요.
❷ 포도주를 많이 마실 수 있어요.
❸ 술을 잘 마시지 못해요.
❹ 술을 날마다 한 잔만 마셔요.

14.

우리 반에서 영수 씨만큼 친절한 사람은 없어요.

❶ 우리 반에는 친절한 사람이 없어요.
❷ 우리 반에는 친절한 사람이 많아요.
❸ 우리 반에서 영수 씨가 제일 친절해요.
❹ 우리 반에서 영수 씨가 제일 안 친절해요.

15.

무슨 일이든지 열심히 하지 않으면 안 됩니다.

❶ 무슨 일이든지 열심히 하지 않습니다.
❷ 무슨 일이든지 열심히 해야 합니다.
❸ 무슨 일이든지 열심히 하면 안 됩니다.
❹ 무슨 일이든지 열심히 하려고 합니다.

16.

요즘 날씨가 얼마나 쌀쌀한지 몰라요.

❶ 요즘 날씨가 정말 쌀쌀해요.
❷ 요즘 날씨가 조금 쌀쌀해요.
❸ 요즘 날씨가 어떤지 잘 몰라요.
❹ 요즘 날씨가 쌀쌀하지 않아요.

17.

아침에 출근하면 이메일부터 확인합니다.

❶ 아침에만 이메일을 확인합니다.
❷ 아침이면 이메일을 확인합니다.
❸ 출근하면 이메일만 확인합니다.
❹ 출근하면 먼저 이메일을 확인합니다.

18.

5년 만에 베이징에 왔습니다.

❶ 5년 밖에 베이징에 없었습니다.
❷ 5년 동안 베이징에 있었습니다.
❸ 5년 전에 베이징에 온 적이 없습니다.
❹ 5년 전에 베이징에 온 적이 있습니다.

19.

비자를 신청하러 대사관에 갔습니다.

❶ 비자를 신청하려면 대사관에 가야 합니다.
❷ 비자를 신청해서 대사관에 가야 합니다.
❸ 비자를 신청하기 위해서 대사관에 갔습니다.
❹ 비자를 신청했기 때문에 대사관에 갔습니다.

20.

밖에서 무슨 소리가 들려요. 사람들이 싸우나 봐요.

❶ 밖에서 무슨 소리가 들려요. 사람들이 싸울 것 같아요.
❷ 밖에서 무슨 소리가 들려요. 사람들이 싸우는 것 같아요.
❸ 밖에서 무슨 소리가 들려요. 사람들이 싸운 것 같아요.
❹ 밖에서 무슨 소리가 들려요. 사람들이 싸우려고 해요.

Ⅷ. 다음을 읽고 물음에 답하십시오.

[1-2]

가 : 저분이 누구세요?
나 : 누구요?
가 : 검정색 정장을 (㉠   ) 분이요.
나 : 아, 지난주에 새로 (㉡   ) 김 선생님이세요.

1. ㉠에 알맞은 것을 고르십시오.

❶ 입는 ❷ 입은 ❸ 입을 ❹ 입어

2. ㉡에 알맞은 것을 고르십시오.

❶ 오신 ❷ 오실 ❸ 오시는 ❹ 오시고

[3-4]

가 : 리에 씨, 좋은 식당이 있으면 소개해주세요.
이번 주말에 중국에서 친구가 와요.
나 : 그래요? 중국 친구가 한국 음식을 (㉠   )?
가 : 네.중국에서도 한국 식당에 자주 (㉡   ) 친구예요.
나 : 그럼 학교 앞 한국관에 가 보세요. 음식도 맛있고 서비스도 좋아요.

3. ㉠에 알맞은 것을 고르십시오.

❶ 좋아요 ❷ 좋아해요 ❸ 좋았어요 ❹ 좋을 거예요

4. ㉡에 알맞은 것을 고르십시오.

❶ 가서 ❷ 가고 ❸ 가던 ❹ 가면

[5-6]

> 가 : 어디 아파요? 몸이 안 좋아 보여요.
> 나 : 네, 열이 나고 몸이 떨려요. 감기에 (㉠).
> 가 : (㉡) 빨리 병원에 가 보세요.
> 나 : 알겠어요.

5. ㉠에 알맞은 것을 고르십시오.

❶ 걸리는데요　❷ 걸리는군요
❸ 걸린 것 같군요　❹ 걸린 것 같아요

6. ㉡에 알맞은 것을 고르십시오.

❶ 심해지기 때문에　❷ 심해지기 위해서
❸ 심해지기 전에　❹ 심해지면서

[7-8]

> 가 : 한국 명절에 대한 자료를 찾고 싶은데요.
> 나 : 3층 민속자료실로 (㉠).
> 가 : 중국어(㉡) 된 자료도 있을까요?
> 나 : 아마 있을 거예요. 먼저 컴퓨터로 검색을 해 보세요.

7. ㉠에 알맞은 것을 고르십시오.

❶ 가 보세요　❷ 가 봤어요　❸ 갈 거예요　❹ 가고 있어요

8. ㉡에 알맞은 것을 고르십시오.

❶ 가　❷ 를　❸ 로　❹ 의

[9-10]

가 : 어떻게 오셨어요?
나 : 외국인 등록증을 (㉠) 왔어요.
가 : 그럼 신청서를 (㉡) 내세요.
나 : 네, 알겠습니다.

9. ㉠에 알맞은 것을 고르십시오.

❶ 만들수록 ❷ 만들었던 ❸ 만들지만 ❹ 만들려고

10. ㉡에 알맞은 것을 고르십시오.

❶ 써서 ❷ 써도 ❸ 쓰고 ❹ 쓰면

[11-12]

가 : 서울 호텔입니다. 무엇을 (㉠)?
나 : 이번 주말에 방을 예약하려고 하는데요.
가 : 특실이 있고 일반실이 (㉡) 어떤 방을 원하십니까?
나 : 특실에 묵겠습니다.

11. ㉠에 알맞은 것을 고르십시오.

❶ 도와 드릴까요 ❷ 도와 드립니까
❸ 도와 드릴래요 ❹ 도와 드리나요

12. ㉡에 알맞은 것을 고르십시오.

❶ 있지만 ❷ 있어서 ❸ 있다가 ❹ 있는데

[13-14]

가 : 리에 씨, 베이징에 (㉠)?
나 : 네, 여기 저기 볼거리가 많아서 아주 재미있었어요.
가 : 베이징 날씨는 어때요?
나 : 저는 여름에 갔는데 서울보다 (㉡).

13. ㉠에 알맞은 것을 고르십시오.

❶ 가 보려고 해요 ❷ 가 보려고 했어요
❸ 가 본 적이 있어요 ❹ 가 본 적이 없어요

14. ㉡에 알맞은 것을 고르십시오.

❶ 따뜻하군요 ❷ 따뜻했군요
❸ 따뜻하겠군요 ❹ 따뜻하더군요

[15-16]

가 : 저울(㉠) 소포를 올려 놓으세요. 어디로 보내실 거예요?
나 : 중국이요. 그런데 물건이 (㉡) 깨지면 어떻게 해요?
가 : 중요한 물건이면 보험에 드는 것이 좋습니다.
나 : 보험료는 얼마입니까?

15. ㉠에 알맞은 것을 고르십시오.

❶ 에서 ❷ 에게 ❸ 에다가 ❹ 에게서

16. ㉡에 알맞은 것을 고르십시오.

❶ 없어지면 ❷ 없어지러 ❸ 없어지려면 ❹ 없어지거나

[17-18]

가 : 선생님, 배탈이 (㉠) 같아요.
나 : 증세가 어떠세요?
가 : 배가 많이 아픈 데다가 설사도 합니다.
가 : 어디 봅시다. 언제(㉡) 아팠어요?

17. ㉠에 알맞은 것을 고르십시오.

❶ 날 것　❷ 난 것　❸ 나는 것　❹ 났던 것

18. ㉡에 알맞은 것을 고르십시오.

❶ 부터　❷ 에서　❸ 까지　❹ 후에

[19-20]

가 : 영수가 왜 안 오지?
나 : 글쎄, 차가 많이 밀리나 봐.
가 : 벌써 20분(㉠) 지났는데 전화해 보는 게 어때?
나 : 그래, 전화해서 어디에 (㉡) 물어봐야겠다.

19. ㉠에 알맞은 것을 고르십시오.

❶ 밖에　❷ 동안　❸ 이나　❹ 만에

20. ㉡에 알맞은 것을 고르십시오.

❶ 있다고　❷ 있냐고　❸ 있자고　❹ 있으라고

[21-22]

가 : 웨이 씨가 이번 주말에 같이 음악회에 (㉠) 하는데 시간 있니?
나 : 그래? 토요일에는 약속이 있고 일요일에는 괜찮아.
가 : 알았어. 그럼 웨이 씨에게 이야기해서 일요일로 정할게.
나 : 그런데 음악회 표는 비싸지 않아?
가 : 웨이 씨가 음악회 초대권이 있다고 해.
나 : (㉡). 벌써부터 기대가 돼.

21. ㉠에 알맞은 것을 고르십시오.

❶ 간다고 ❷ 갔다고 ❸ 가자고 ❹ 가냐고

22. ㉡에 알맞은 것을 고르십시오.

❶ 재미있어 ❷ 재미있구나 ❸ 재미있나 봐 ❹ 재미있겠다

[23-24]

가 : 샤오밍 씨, 오랜만이에요. 그동안 잘 지냈어요?
나 : 네, 영수 씨도 잘 지내셨어요?
가 : 한국 생활이 힘들지 않으세요?
나 : 처음에는 좀 힘들었는데 지금은 많이 (㉠). 다음 주에는 한국 친구들과 전주로 여행을 (㉡).
가 : 그래요? 전주는 비빔밥이 유명해요. 한번 잡숴 보세요.
나 : 네, 꼭 먹어 볼게요.

23. ㉠에 알맞은 것을 고르십시오.

❶ 익숙했어요 ❷ 익숙해졌어요

❸ 익숙할 거예요 ❹ 익숙하더군요

24. ㉡에 알맞은 것을 고르십시오.

❶ 가려고 해요 ❷ 간다고 해요 ❸ 가는 것 같아요 ❹ 간 적이 있어요

Ⅸ. 다음을 읽고 질문에 답하십시오.

[1-2]

샤오밍 씨!
오랜만입니다. 그동안 잘 지냈어요? 베이징 생활은 (㉠)?
저는 이번 방학에 베이징으로 여행을 가려고 해요. 마이클 씨도 함께 (㉡). 베이징에서 샤오밍 씨를 만났으면 좋겠어요. 답장 기다릴게요.

서울에서 김영수

1. ㉠에 알맞은 것을 고르십시오.

❶ 어떠나요 ❷ 어떤나요 ❸ 어떠가요 ❹ 어떤가요

2. ㉡에 알맞지 않은 것을 고르십시오.

❶ 갈래요 ❷ 갈 거예요 ❸ 가려고 해요 ❹ 가기로 했어요

[3-4]

김영수 씨는 회사원입니다. 보통 버스(㉠) 출근하는데 오늘 아침에는 교통사고가 나서 차가 많이 밀렸습니다. 김영수 씨는 버스에서 내려서 빨리 지하철역으로 뛰어 갔습니다. 지하철을 타고 충무로역까지 갔습니다. 충무로에서 다시 버스를 타고 회사에 갔습니다. 회사에 (㉡) 9시 20분이었습니다.

3. ㉠에 알맞은 것을 고르십시오.

❶ 가　❷ 는　❸ 를　❹ 로

4. ㉡에 알맞은 것을 고르십시오.

❶ 도착하고　❷ 도착해서　❸ 도착하니까　❹ 도착하기 때문에

[5-6]

샤오밍 씨는 새로 산 블라우스에 어울리는 치마를 (㉠) 옷가게에 갔습니다. 먼저 하얀 색 치마를 골랐는데 그 치마는 너무 짧았습니다. 다음으로 고른 까만색 치마는 조금 컸습니다. 마지막으로 파란 색 치마를 입어 봤는데 그 치마는 잘 맞았습니다. 색깔도 마음에 들고 값도 별로 비싸지 않아서 그것을 (㉡) 집에 돌아왔습니다.

5. ㉠에 알맞지 않은 것을 고르십시오.

❶ 사러　❷ 사려고　❸ 사기 때문에　❹ 사기 위해서

6. ㉡에 알맞은 것을 고르십시오.

❶ 샀는데　❷ 사 가지고　❸ 살 테니까　❹ 살 것 같아서

[7-8]

저는 담배를 (㉠) 10년쯤 됐습니다. 그동안 하루에 한 갑쯤 피웠는데 아직 한 번도 담배를 끊어 본 적이 없습니다.

오늘은 몸이 너무 아파서 병원에 갔습니다. 의사 선생님은 저에게 그동안 피운 담배 때문에 건강이 많이 나빠졌으니까 담배를 (㉡) 하셨습니다.

7. ㉠에 알맞은 것을 고르십시오.

❶ 피워서　❷ 피운 지　❸ 피운 후에　❹ 피우기 전에

8. ㉡에 알맞은 것을 고르십시오.

❶ 끊는다고 ❷ 끊지 말자고 ❸ 끊어야 한다고 ❹ 끊지 말라고

[9-10]

우리 집은 한 달(㉠) 한 번 대청소를 한다. 오늘 우리 가족은 아침을 ㉡먹고 청소를 시작했다. 아버지는 마당과 욕실 청소를 하시고, 어머니는 주방과 베란다 청소를 하셨다. 동생과 나는 방과 거실을 청소기로 돌린 후에 걸레로 깨끗하게 닦았다. 나는 청소를 하다가 책상 밑에서 잃어버린 돈도 찾았다. 청소할 때는 좀 힘들었지만 집이 깨끗해져서 기분이 좋았다.

9. ㉠에 알맞은 것을 고르십시오.

❶ 이 ❷ 도 ❸ 은 ❹ 에

10. ㉡과 바꿔 쓸 수 있는 것을 고르십시오.

❶ 먹어서 ❷ 먹다가 ❸ 먹은 후에 ❹ 먹는 대로

[11-12]

처음에는 한국에서 1년만 공부할 생각이었는데 한국말 공부가 재미있어서 1년 더 한국에 (㉠). 그래서 비자를 연장하러 출입국관리사무소에 갔다. 비자를 (㉡) 재학증명서가 필요하다고 해서 재학증명서를 가지고 갔다. 사람들이 별로 많지 않아서 생각보다 일이 빨리 끝났다.

11. ㉠에 알맞은 것을 고르십시오.

❶ 살기로 했다 ❷ 산 적이 있다 ❸ 산다고 하셨다 ❹ 사는 줄 알았다

12. ㉡에 알맞은 것을 고르십시오.

❶ 연장하려고 ❷ 연장하니까 ❸ 연장하려면 ❹ 연장한 후에

[13-14]

샤오밍 씨는 며칠 전에 산 구두가 (㉠) 좀 작아서 그것을 바꾸려고 백화점에 갔습니다. 그런데 더 마음에 드는 다른 구두가 있어서 10,000원을 더 주고 그 구두로 바꿨습니다.
내일이 동생 생일이어서 샤오밍 씨는 가방을 사러 잡화 매장으로 갔습니다. 주머니가 많이 (㉡) 까만 색 가방을 샀습니다. 생일 선물을 받고 좋아할 동생의 모습을 생각하면서 샤오밍 씨는 웃었습니다.

13. ㉠에 알맞은 것을 고르십시오.

❶ 예쁘고 ❷ 예쁠 테니까 ❸ 예쁜 데다가 ❹ 예쁘기는 하지만

14. ㉡에 알맞은 것을 고르십시오.

❶ 있는 ❷ 있을 ❸ 있는데 ❹ 있지만

[15-16]

어제는 친구들과 종합 운동장에 가서 야구 구경을 했다. 우리가 응원한 팀이 이겨서 기분이 좋았다. 친구들과 같이 저녁을 먹고 집에 ㉠오는 길에 서점에 들러 소설책을 한 권 샀다. 집에 돌아와서는 샤워를 한 후에 친구에게 이메일을 보내고 사 온 소설책을 (㉡) 읽었다.

15. ㉠과 바꿔 쓸 수 있는 것을 고르십시오.

❶ 와서는 ❷ 오고는 ❸ 오다가 ❹ 왔다가

16. ㉡에 알맞은 것을 고르십시오.

❶ 재미있게 ❷ 재미있거나 ❸ 재미있으면 ❹ 재미있는데

[17-18]

지난 주말은 한국의 명절인 추석(㉠). 저는 한국 친구의 고향집에 같이 (㉡)

왔어요. 친구 고향집에서 친구 가족들과 즐겁게 이야기도 하고 한국 풍습도 많이 배웠어요. 명절에 가족들이 모여서 즐겁게 지내는 것을 보고 부모님 생각이 많이 났어요.

17. ㉠에 알맞은 것을 고르십시오.

❶ 예요 ❷ 이에요 ❸ 였어요 ❹ 이었어요

18. ㉡에 알맞은 것을 고르십시오.

❶ 가려면 ❷ 가다가 ❸ 갔다가 ❹ 갔는데

[19-20]

이번 휴가는 제주도에 있는 한라 리조트로 오십시오. 다른 리조트(㉠) 넓고 좋은 숙박시설에서 멋진 휴가를 (㉡). 아름다운 해수욕장에서 수영도 하고 배도 타십시오. 노래방과 커피숍, 오락실, 찜질방 등도 있습니다. 또한 일류 요리사가 매일 신선한 재료로 세계 여러 나라 음식을 맛있게 만들어 드립니다.

19. ㉠에 알맞은 것을 고르십시오.

❶ 때문에 ❷ 를 위해서 ❸ 에 대해서 ❹ 에 비해서

20. ㉡에 알맞은 것을 고르십시오.

❶ 즐길까 합니다 ❷ 즐길 수 있습니다

❸ 즐기고 싶습니다 ❹ 즐기고 있습니다

[21-22]

오늘 수업이 끝날 때까지 친구가 학교에 오지 않았다. 전화를 해 보니까 친구는 아파서 집에 있다고 했다.

나는 걱정이 돼서 친구 집에 가 봤다. 친구는 몸살이 난 데다가 식중독에 걸렸다고 했다. 상한 해물을 넣은 음식을 먹어서 그런 것 같다고 했다. 병원에 가서 진료도 받고 약도 먹었다고 하는데 친구는 아직도 많이 (　　㉠　　). 친구는 병원에서 한국어로 증세를 설명하기가 (　　㉡　　). 친구가 빨리 나았으면 좋겠다.

21. ㉠에 알맞은 것을 고르십시오.

❶ 힘들어 보였다　　❷ 힘들어졌다
❸ 힘들어도 됐다　　❹ 힘든 적이 있다

22. ㉡에 알맞은 것을 고르십시오.

❶ 어렵군요　　❷ 어려우라고 했다
❸ 어렵더군요　　❹ 어려웠다고 했다

[23-24]

나는 음악도 좋아하고 요리도 좋아한다. 대학교에 입학한 후에 동아리에 들어가고 싶어서 동아리(　　㉠　　) 인터넷으로 검색해 보기도 하고 선배들에게 이것저것 물어보기도 했다. 신배들이 친절히게 잘 설명해 줬다. 친한 친구에게 같이 들어가자고 하니까 친구도 좋다고 했다. 우리는 기타 동아리에 들어갈지 요리 동아리에 들어갈지 이야기를 많이 나눈 후에 기타 동아리에 들어가기로 했다.

나는 기타를 (　　㉡　　) 노래를 많이 부르고 싶다. 앞으로 동아리 사람들과 잘 지내고 기타를 열심히 연습하겠다.

23. ㉠에 알맞은 것을 고르십시오.

❶ 처럼　　❷ 만큼　　❸ 에 대해서　　❹ 에 비해서

24. ㉡에 알맞은 것을 고르십시오.

❶ 치지만　　❷ 치면서　　❸ 치니까　　❹ 치는데

X. 〈보기〉를 이용해 문장을 만드십시오.

1\.

보기	한국어	저	이지요	선생님	분이

저 ____?

2\.

보기	좋아하는	축구	운동은	제가	입니다

제가 ____.

3\.

보기	책상	공책이	위에	있습니다	연필과

책상 ____.

4\.

보기	언니에게서	있는	왔어요	전화가	영국에

영국에 ____.

5\.

보기	뭘	대학교를	후에	졸업한	할 거니

대학교를 ____?

6\.

보기	시험이	오전	11시까지	있습니다	9시부터

시험이 ____.

7\.

보기	영화를	보러	수업이	갑시다	끝나고

수업이 ____.

8.

보기	생활한 지	됐어요	1년	외국에서	벌써

외국에서 ______________________________.

9.

보기	구경거리도	재미있는	시장에	많아	가면

시장에 ______________________________.

10.

보기	좋아지지	열심히	발음 연습을	않아요	해도

발음 연습을 ______________________________.

11.

보기	하고	파티를	도착하니까	있었어요	친구 집에

친구 집에 ______________________________.

12.

보기	뭘	내일은	없는데	수업이	하고 싶어

내일은 ______________________________?

13.

보기	윗사람에게	안 돼요	한국에서는	쓰면	반말을

한국에서는 ______________________________.

14.

보기	곳이	어제	어디	간	입니까

어제 ______________________________?

15.

보기	마음에	색깔은	무늬가	안 들어요	좋은데

색깔은 ____.

16.

보기	타야	국립박물관에	몇 호선을	가려면	합니까

국립박물관에 ____?

17.

보기	중에서	어디가	곳	좋았습니까	여행한

여행한 ____?

18.

보기	냅니다	책을	연체료를	반납하면	늦게

책을 ____.

19.

보기	걸어서	집에서	걸려요	학교까지	20분쯤

집에서 ____.

20.

보기	횡단보도를	오른쪽으로	가십시오	똑바로	건너서	가다가

똑바로 ____.

종합 연습문제

1회

[1-3] 〈보기〉와 같이 (　　)에 알맞은 것을 고르십시오.

> 보기
> 여기(　　) 시장입니다.
> ❶ 를　　❷ 는　　❸ 와　　❹ 에

1. 웨이 씨 집(　　) 커요.

❶ 에　　❷ 이　　❸ 의　　❹ 을

2. 어제 부모님(　　) 전화를 드렸습니다.

❶ 에　　❷ 에게　　❸ 께　　❹ 께서

3. 지난 주말에 세 시간(　　) 못 잤어요.

❶ 이나　　❷ 까지　　❸ 보다　　❹ 밖에

[4-7] 〈보기〉와 같이 (　　)에 알맞은 것을 고르십시오.

> 보기
> 가 : 무엇을 합니까?
> 나 : 한국말을 (　　　　　　).
> ❶ 공부했어요　　❷ 공부하세요　　❸ 공부할게요　　❹ 공부합니다

4. 가 : 어서 오십시오. 무엇을 드릴까요?
나 : 인삼차 한 잔 (　　　　　　).

❶ 줄게요　　❷ 주세요　　❸ 줍시다　　❹ 줬어요

5. 가 : 어제 저녁에 뭘 하셨어요?
나 : 운동장에서 축구를 (   ).

❶ 했어요 ❷ 했군요
❸ 하셨어요 ❹ 하겠어요

6. 가 : 내일은 학교에 행사가 있으니까 좀 일찍 오세요.
나 : 네, 일찍 (   ).

❶ 오세요 ❷ 올게요
❸ 오나요 ❹ 올까요

7. 가 : 마이클 씨, 한국 신문을 읽을 수 있어요?
나 : 아니요, 모르는 단어가 많아서 (   ).

❶ 읽어 주세요 ❷ 읽어 보세요
❸ 읽을 수 있어요 ❹ 읽을 수 없어요

[8-10] 〈보기〉와 같이 (   )에 알맞은 것을 고르십시오.

> 보기
> 가 : 한국말 공부하기가 어때요?
> 나 : (   ) 재미있어요.
>
> ❶ 어렵지만 ❷ 어렵고 ❸ 어렵거나 ❹ 어려워서

8. 가 : 한가할 때 뭘 하세요?
나 : 친구를 (   ) 집에서 쉬어요.

❶ 만나러 ❷ 만나면 ❸ 만나거나 ❹ 만나는데

9. 가 : 약속 시간에 늦을 것 같은데 택시를 (   ) 갈까요?
나 : 네, 그럽시다.

❶ 타고 ❷ 타서 ❸ 타면 ❹ 타던

10. 가 : 도서 대출증을 안 가지고 (   ) 어떻게 하지요?
나 : 책을 빌리려면 도서 대출증이 있어야 합니다.

① 와서 ② 오는데 ③ 왔는데 ④ 왔으니까

[11-12] 〈보기〉와 같이 밑줄 친 부분이 틀린 것을 고르십시오.

보기
① 오늘 시장에 가요. ② 어제 영화를 봤어요.
③ 지난 주말에 비가 와요. ④ 1년 전에 한국에 왔어요.

11.

① 내일 극장에 가겠어요. ② 일요일마다 산책해요.

③ 오래간만에 친구를 만났어요. ④ 어제 공원에서 사진을 찍어요.

12.

① 운동장이 넓어요? ② 가방이 무겁어요?

③ 김치가 맵지 않아요? ④ 작년 여름은 정말 더웠지요?

[13-15] 〈보기〉와 같이 빈칸에 알맞은 것을 고르십시오.

보기
가 : 서울에 살아요?
나 : ______________________.

① 네, 서울에 살아요. ② 아니요, 서울이에요.
③ 네, 서울에 없어요. ④ 아니요, 서울에 갔어요.

13. 가 : 사무실에 가세요?
나 : ______________________________.

① 네, 사무실에 가세요 ② 아니요, 사무실에 가세요

③ 네, 사무실에 가요 ④ 아니요, 사무실에 가요

14. 가 : 우체국까지 몇 분이나 걸려요?
    나 : ______________________________.

❶ 한 30분 걸려요 ❷ 30분밖에 걸려요
❸ 30분쯤 안 걸려요 ❹ 30분만 안 걸려요

15. 가 : 주말에 뭘 하셨어요?
    나 : ______________________________.
    가 : 명동에서 뭘 하셨나요?

❶ 명동에 가려고 해요 ❷ 명동에 가는데요
❸ 명동에 걸어서 가요 ❹ 명동에 갔는데요

[16-17] 〈보기〉와 같이 두 문장을 바르게 연결한 것을 고르십시오.

> 보기
>
> 텔레비전을 봤습니다. 잤습니다.
>
> ❶ 텔레비전을 보고 잤습니다. ❷ 텔레비전을 보러 잤습니다.
> ❸ 텔레비전을 보던 잤습니다. ❹ 텔레비전을 보지만 잤습니다.

16. 다리가 아픕니다. 잠깐 쉬었다가 갑시다.

❶ 다리가 아프고 잠깐 쉬었다가 갑시다.
❷ 다리가 아프거나 잠깐 쉬었다가 갑시다.
❸ 다리가 아프지만 잠깐 쉬었다가 갑시다.
❹ 다리가 아프니까 잠깐 쉬었다가 갑시다.

17. 반 친구들을 초대합니다. 생일 파티를 하려고 합니다.

❶ 반 친구들을 초대하고 생일 파티를 하려고 합니다.
❷ 반 친구들을 초대한 데다가 생일 파티를 하려고 합니다.
❸ 반 친구들을 초대해 가지고 생일 파티를 하려고 합니다.
❹ 반 친구들을 초대해서 그런지 생일 파티를 하려고 합니다.

[18-19] **다음 대화를 읽고 질문에 답하십시오.**

가 : 청바지 한 벌 사고 싶은데 좀 보여 주세요.
나 : 이거 어때요? 색깔도 (㉠) 아주 편해요.
가 : (㉡)?
나 : 그럼요, 입어 보세요.

18. ㉠에 알맞은 것을 고르십시오.

❶ 예쁘고 ❷ 예쁘지만 ❸ 예뻐서 ❹ 예쁘니까

19. ㉡에 알맞은 것을 고르십시오.

❶ 입을까요 ❷ 입어 봐요 ❸ 입어 봐도 돼요 ❹ 입어 볼래요

[20-21] **다음 대화를 읽고 질문에 답하십시오.**

가 : 하늘이 흐린 걸 보니까 소나기가 올 것 같아.
나 : 일기예보에서 비가 (㉠) 했어. 우산은 있니?
가 : 아니, 안 가지고 왔는데 어떻게 하지?
나 : 내가 하나 (㉡).

20. ㉠에 알맞은 것을 고르십시오.

❶ 오냐고 ❷ 오자고 ❸ 왔다고 ❹ 올 거라고

21. ㉡에 알맞은 것을 고르십시오.

❶ 빌려 줄게 ❷ 빌려 줘 ❸ 빌려 주자 ❹ 빌려 주지 마

[22-23] 다음을 읽고 질문에 답하십시오.

저는 한국 영화나 한국 드라마를 아주 좋아합니다. 단어는 좀 (㉠) 내용이 재미있어서 자주 봅니다. 또 한국 영화나 한국 드라마를 보면 한국어를 (㉡) 한국 음식과 문화도 알 수 있어서 참 좋습니다.

22. ㉠에 알맞은 것을 고르십시오.

❶ 어렵거나 ❷ 어렵지만 ❸ 어려우면 ❹ 어려워야

23. ㉡에 알맞지 않은 것을 고르십시오.

❶ 배우고 ❷ 배울 수 있고

❸ 배울 수 있어도 ❹ 배울 수 있는 데다가

[24] 〈보기〉를 이용해 문장을 만드십시오.

보기 분이 이에요 만난 김 선생님 어제

24. 어제 ______________________________?

2회

[1-3] 〈보기〉와 같이 (　　　)에 알맞은 것을 고르십시오.

보기
저기(　) 학교입니다.

① 를　　② 가 ✔　　③ 와　　④ 에

1. 책상 위에 교과서(　　　) 필통이 있어요.

① 와　　② 가　　③ 는　　④ 도

2. 나는 여자친구(　　　) 장미꽃 100송이를 줄 거예요.

① 에　　② 는　　③ 에게　　④ 에서

3. 너무 배가 고파서 갈비를 3인분(　　　) 먹었어요.

① 으로　　② 밖에　　③ 에서　　④ 이나

[4-7] 〈보기〉와 같이 (　　　)에 알맞은 것을 고르십시오.

보기
가 : 무엇을 하세요?
나 : 텔레비전을 (　　　　　).

① 봐요 ✔　　② 보세요　　③ 볼게요　　④ 봤어요

4. 가 : 여기에서 담배를 피워도 돼요?
나 : 아니요, (　　　　　　　　).

① 피우세요　　② 피워야 해요　　③ 안 피우려고 해요　　④ 피우면 안 돼요

5. 가 : 내일 마이클 씨가 발표를 잘 할까요?
나 : 그동안 열심히 준비했으니까 내일 잘 (　　　　　　　).

❶ 하는군요　❷ 하십시오　❸ 할 거예요　❹ 하려고 해요

6. 가 : 제주도에 가 봤어요?
나 : 아니요, 한번 (　　　　　　　).

❶ 가 보고 싶어요　❷ 가 봤어요　❸ 가 본 적이 있어요　❹ 안 갈게요

7. 가 : 사람들이 엘리베이터를 타지 않고 걸어서 올라가는군요.
나 : 엘리베이터가 (　　　　　　　).

❶ 고장이 날래요　❷ 고장이 날게요　❸ 고장이 날까 해요　❹ 고장이 났나 봐요

[8-10] 〈보기〉와 같이 (　　)에 알맞은 것을 고르십시오.

보기

가 : 주말에 뭘 했어요?
나 : 친구를 (　　) 명동에 갔어요.

❶ 만나도　❷ 만나러　❸ 만나거나　❹ 만나는데

8. 가 : 고향이 어떤 곳이에요?
나 : 사람들도 (　　　　　　　) 경치도 아름다운 곳이에요.

❶ 친절하고　❷ 친절해서　❸ 친절하지만　❹ 친절하니까

9. 가 : 다리가 아파요?
나 : 네, 어제 축구를 (　　　　　　　) 넘어졌어요.

❶ 하려고　❷ 하다가　❸ 했다가　❹ 하려면

10. 가 : 내일 같이 등산을 갈까요?
나 : 내일은 수업이 (　　　　　　　) 일요일에 갑시다.

❶ 있어서　❷ 있지만　❸ 있으면서　❹ 있으니까

[11-12] 〈보기〉와 같이 밑줄 친 부분이 틀린 것을 고르십시오.

> 보기
>
> ① 날씨가 더워요.
> ② 치마가 길어요.
> ✔③ 내일도 바쁘어요.
> ④ 한국말을 알아요.

11.

① 과로하지 말고 푹 쉬세요.
② 동생은 지금 영국에 계세요.
③ 제가 선생님께 말씀드릴게요.
④ 할아버지, 맛있게 잡수셨어요?

12.

① 저 사람은 아는 사람이에요.
② 저는 음악 듣은 것을 아주 좋아해요.
③ 비빔냉면은 매우니까 물냉면을 시킵시다.
④ 6개월 전에는 한국말을 몰랐는데 지금은 좀 할 수 있어요.

[13-15] 〈보기〉와 같이 빈칸에 알맞은 것을 고르십시오.

> 보기
>
> 가 : 일본어를 할 수 있어요?
> 나 : ____________________.
>
> ① 네, 하지 않아요　② 아니요, 하지 않아요
> ③ 네, 할 수 없어요　✔④ 아니요, 할 수 없어요

13. 가 : ____________________?
나 : 2시에 만나요.

① 언제 만날까요
② 언제 만났어요
③ 2시에 만났어요
④ 2시에 만날 거예요

14. 가 : 지금 출발하면 10시까지 공항에 도착할 수 있을까요?
나 : 글쎄요, ______________________.

❶ 도착하고 있어요 ❷ 도착하기로 했어요

❸ 도착할 수 있으면 돼요 ❹ 도착할 수 있을지 모르겠어요

15. 가 : 이번 여름방학에 어디에 갈까요?
나 : ______________________.
가 : 좋아요, 그럽시다.

❶ 5년 전에 갔던 부산에 가요 ❷ 5년 전에 간 부산에 갔어요
❸ 5년 전에 가는 부산에 가요 ❹ 5년 전에 가던 부산에 갔어요

[16-17] 〈보기〉와 같이 두 문장을 바르게 연결한 것을 고르십시오.

> 보기
>
> 청소를 합니다. 깨끗합니다.
>
> ❶ 청소를 하고 깨끗합니다.
> ❷ 청소를 하러 깨끗합니다.
> ❸ 청소를 하거나 깨끗합니다.
> ✔❹ 청소를 하니까 깨끗합니다.

16. 비자를 받습니다. 대사관에 갑니다.

❶ 비자를 받을수록 대사관에 갑니다.
❷ 비자를 받으면서 대사관에 갑니다.
❸ 비자를 받기 위해서 대사관에 갑니다.
❹ 비자를 받아 보니까 대사관에 갑니다.

17. 날마다 운동을 했어요. 건강이 좋아졌어요.

❶ 날마다 운동을 했지만 건강이 좋아졌어요.
❷ 날마다 운동을 하려고 건강이 좋아졌어요.
❸ 날마다 운동을 한 데다가 건강이 좋아졌어요.
❹ 날마다 운동을 해서 그런지 건강이 좋아졌어요.

[18-19] 다음 대화를 읽고 질문에 답하십시오.

가 : 김 선생님, 이번 휴가 때 어디에 (㉠)?
나 : 가족들과 같이 제주도에 가려고 해요.
가 : 그래요? 제주도 바다가 아주 아름답다고 들었어요.
우리 가족과 같이 (㉡)?
나 : 좋아요. 같이 가면 더 재미있을 것 같아요.

18. ㉠에 알맞지 않은 것을 고르십시오.

❶ 갈 거예요 ❷ 가려고 해요
❸ 갈 계획이에요 ❹ 가 본 적이 있어요

19. ㉡에 알맞은 것을 고르십시오.

❶ 갈까요 ❷ 가기로 했어요
❸ 갈게요 ❹ 갔을 것 같아요

[20-21] 다음 대화를 읽고 질문에 답하십시오.

가 : 여보세요, 한국무역회사입니다.
나 : 광고를 보고 전화 드렸습니다. 근무 시간(㉠) 알고 싶은데요.
가 : 근무 시간은 평일 오후 2시(㉡) 6시까지입니다.
나 : 네, 잘 알겠습니다.

20. ㉠에 알맞은 것을 고르십시오.

❶ 때문에 ❷ 덕분에 ❸ 에 대해서 ❹ 에 비해서

21. ㉡에 알맞은 것을 고르십시오.

❶ 마다 ❷ 보다 ❸ 밖에 ❹ 부터

[22-23] **다음을 읽고 질문에 답하십시오.**

우리 집 근처에 도서관이 있는데 (㉠) 시설도 좋아서 우리 가족은 그 도서관을 자주 이용한다.

책은 2주일 동안 무료로 빌릴 수 있고 더 보고 싶으면 1주일 연장할 수 있다. 빌린 책을 늦게 반납하면 하루(㉡) 200원씩 연체료를 내야 한다. 또 도서관에서 무료로 영화를 볼 수 있다.

22. ㉠에 알맞은 것을 고르십시오.

❶ 넓기 때문에 ❷ 넓은 데다가 ❸ 넓기는 하지만 ❹ 넓으면 넓을수록

23. ㉡에 알맞은 것을 고르십시오.

❶ 에 ❷ 로 ❸ 보다 ❹ 에서

[24] **〈보기〉를 이용해 문장을 만드십시오.**

보기 하다가 청소를 쉬고 있어요 집안 피곤해서

24. 집안 ____ .

3회

[1-3] 〈보기〉와 같이 (　　)에 알맞은 것을 고르십시오.

> 보기
> 이것(　) 연필입니다.
>
> ❶ 을　　❷ 에　　❸ 은 (✔)　　❹ 가

1. 수업이 끝나고 같이 점심(　　) 먹을까요?

   ❶ 이　　❷ 을　　❸ 에　　❹ 과

2. 부모님(　　) 고향에 계십니다.

   ❶ 을　　❷ 께　　❸ 에서　　❹ 께서

3. 9시부터 12시(　　) 한국어 수업이 있습니다.

   ❶ 만에　　❷ 까지　　❸ 에서　　❹ 마다

[4-7] 〈보기〉와 같이 (　　)에 알맞은 것을 고르십시오.

> 보기
> 가 : 어디에 가세요?
> 나 : 학교에 (　　　　).
>
> ❶ 가세요　　❷ 갑니다 (✔)　　❸ 갈게요　　❹ 가겠어요

4. 가 : 일요일에 뭘 할 거예요?
   나 : 집에서 (　　　　).

   ❶ 쉬세요　　❷ 쉬었어요　　❸ 쉴까 해요　　❹ 쉰 적이 있어요

5. 가 : 내일 같이 영화 보러 갈까요?
나 : 미안해요. 다음 주에 시험이 있어서 (　　　　　　　).

❶ 공부했어요　❷ 공부해 봤어요　❸ 공부해도 돼요　❹ 공부해야 돼요

6. 가 : 이 지우개를 써도 돼요?
나 : 네, (　　　　　　　).

❶ 쓰세요　❷ 쓰려고 해요　❸ 쓸게요　❹ 쓰게 됐어요

7. 가 : 너무 졸려.
나 : 그럼 커피를 (　　　　　　　)?

❶ 마실게　❷ 마셨어　❸ 마실래　❹ 마셨나

[8-10] 〈보기〉와 같이 (　　　)에 알맞은 것을 고르십시오.

보기

가 : 내일 뭘 할 거예요?
나 : 백화점에 (　　　) 옷을 살 거예요.

✔ 가서　❷ 가러　❸ 가려고　❹ 가지만

8. 가 : 어제 뭘 했어요?
나 : 집에 (　　　　　) 인터넷을 했어요.

❶ 돌아가서　❷ 돌아가고　❸ 돌아가면　❹ 돌아가러

9. 가 : 축구를 할까?
나 : 아니, 축구를 (　　　　　) 야구를 하자.

❶ 하지 않고　❷ 하지 말고　❸ 하지 않아서　❹ 하지 말아서

10. 가 : 감기에 걸렸어요?
나 : 네, 어제 우산이 (　　　　　) 비를 맞았어요.

❶ 없고　❷ 없으나　❸ 없어도　❹ 없어서

[11-12] 〈보기〉와 같이 밑줄 친 부분이 틀린 것을 고르십시오.

> 보기
>
> ❶ 운동을 합시다. ❷ 극장에 갑시다.
> ❸ 점심을 먹읍시다. ✔ 같이 놀읍시다.

11.

❶ 좀 도와주세요.
❷ 이 커피가 너무 쓰어요.
❸ 경치가 아주 아름답습니다.
❹ 약을 먹고 감기가 나았어요.

12.

❶ 부모님이 일찍 들어오라고 해요.
❷ 친구가 같이 술을 마시자고 해요.
❸ 의사선생님이 어디가 아프라고 해요.
❹ 친구가 요즘 잘 지내고 있다고 해요.

[13-15] 〈보기〉와 같이 빈칸에 알맞은 것을 고르십시오.

> 보기
>
> 가 : 여기가 미술관이에요?
> 나 : ______________________.
>
> ✔ 네, 미술관이에요 ❷ 아니요, 미술관이에요
> ❸ 네, 미술관이 있어요 ❹ 아니요, 미술관이 없어요

13. 가 : 수영복이 있어요?
나 : ______________________.

❶ 네, 수영복이 없어요 ❷ 네, 수영복이에요

❸ 아니요, 수영복이 아니에요 ❹ 아니요, 수영복이 없어요

14. 가 : 지금 무엇을 하세요?
    나 : ______________________.

❶ 책을 읽읍시다
❷ 책을 읽고 있어요
❸ 책을 읽어 주세요
❹ 책을 읽고 싶어요

15. 가 : 숙제를 해 가지고 왔어요?
    나 : ______________________.
    가 : 무슨 일이 있었어요?

❶ 네, 해 가졌어요
❷ 네, 해서 왔어요
❸ 아니요, 안 했어요
❹ 아니요, 안 해서 왔어요

[16-17] 〈보기〉와 같이 두 문장을 바르게 연결한 것을 고르십시오.

보기

사람들이 옵니다. 회의를 시작합시다.

❶ 사람들이 오면 회의를 시작합시다. ✔
❷ 사람들이 오려고 회의를 시작합시다.
❸ 사람들이 오거나 회의를 시작합시다.
❹ 사람들이 오면서 회의를 시작합시다.

16. 돈이 없습니다. 좀 빌려 주세요.

❶ 돈이 없거나 좀 빌려 주세요.
❷ 돈이 없으면 좀 빌려 주세요.
❸ 돈이 없어서 좀 빌려 주세요.
❹ 돈이 없는데 좀 빌려 주세요.

17. 새 컴퓨터를 삽니다. 돈을 모으고 있어요.

❶ 새 컴퓨터를 사려면 돈을 모으고 있어요.
❷ 새 컴퓨터를 사려고 돈을 모으고 있어요.
❸ 새 컴퓨터를 살수록 돈을 모으고 있어요.
❹ 새 컴퓨터를 사는 대로 돈을 모으고 있어요.

[18-19] **다음 대화를 읽고 질문에 답하십시오.**

가 : 어제 무엇을 했어요?
나 : 친구 생일이어서 파티를 했어요.
가 : (　　㉠　　) 놀았어요?
나 : 네, 얼마나 재미있었는지 몰라요. 맛있는 음식도 많이 먹고 노래도 부르고 게임도 했어요. 친구들이 (　　㉡　　) 유학 생활이 외롭지 않아요.

18. ㉠에 알맞은 것을 고르십시오.

❶ 재미있으면　❷ 재미있는　❸ 재미있지만　❹ 재미있게

19. ㉡에 알맞지 않은 것을 고르십시오.

❶ 있어서　❷ 있으니까　❸ 있으면서　❹ 있기 때문에

[20-21] **다음 대화를 읽고 질문에 답하십시오.**

가 : 저는 시간이 있을 때마다 책을 읽어요. 책을 읽으면 다양한 사람을 만날 수 있고 많은 것을 배울 수 있어서 좋아요.
나 : 제 취미는 운동이에요. 한국에 와서 태권도장에 다니기 시작했는데 한국말(㉠) 말하니까 한국말도 배울 수 있고 태권도도 배울 수 있어서 좋아요. 운동한 후에 샤워를 하면 스트레스가 다 풀리는 것 같아요.
가 : 마이클 씨의 말을 (　　㉡　　) 저도 배우고 싶군요.
나 : 그럼 내일 같이 태권도장에 갈래요?

20. ㉠에 알맞은 것을 고르십시오.

❶ 이　❷ 로　❸ 에　❹ 은

21. ㉡에 알맞은 것을 고르십시오.

❶ 들으려고　❷ 듣는 대로　❸ 들으려면　❹ 들어 보니까

[22-23] 다음을 읽고 질문에 답하십시오.

요즘 환절기이어서 그런지 감기에 걸린 사람들이 많습니다. 감기에 걸리면 기침도 하고 콧물도 나고 목도 부어서 힘들지요.

감기에 (㉠) 옷을 따뜻하게 입고 평소에 운동을 열심히 하세요. 또 물을 자주 마시고 과일이나 채소를 많이 먹는 게 좋습니다. 그리고 외출했다가 집에 돌아오면 꼭 손을 깨끗하게 (㉡)

22. ㉠에 알맞은 것을 고르십시오.

❶ 걸리지 않으려고　❷ 걸리지 않기 때문에

❸ 걸리지 않으려면　❹ 걸리지 않는 데다가

23. ㉡에 알맞은 것을 고르십시오.

❶ 씻어 봤어요　❷ 씻어야 합니다

❸ 씻어도 됩니다　❹ 씻는 줄 알았어요

[24] 〈보기〉를 이용해 문장을 만드십시오.

보기　영화는　재미있어요　볼수록　이　보면

24. 이 ________________________________.

4회

[1-3] 〈보기〉와 같이 (　　)에 알맞은 것을 고르십시오.

> 보기
> 저는 친구(　) 도서관에 갑니다.
> ❶ 에　　❷ 를　　❸ 는　　✔ 와

1. 이것은 제 가방이 아니고 동생(　　) 가방입니다.

❶ 을　　❷ 에　　❸ 의　　❹ 께

2. 은행에 가서 한국 돈을 미국 달러(　　) 바꿨습니다.

❶ 가　　❷ 로　　❸ 에　　❹ 나

3. 출퇴근시간에는 지하철이 버스(　　) 빠르니까 지하철로 갑시다.

❶ 보다　　❷ 마다　　❸ 까지　　❹ 이나

[4-7] 〈보기〉와 같이 (　　)에 알맞은 것을 고르십시오.

> 보기
> 가 : 뭘 할까요?
> 나 : 영화를 (　　).
> ❶ 봤어요　　❷ 볼게요　　✔ 봅시다　　❹ 봅니다

4. 가 : 내일 만날 수 있어요?
나 : 내일은 선약이 (　　).

❶ 있는데요　　❷ 있읍시다　　❸ 있어야 돼요　　❹ 있기로 했어요

5. 가 : 요리를 잘 하시는군요.
나 : 요리 동아리에 들어가서 요리를 잘 (   ).

❶ 해졌어요 ❷ 하게 됐어요 ❸ 했나 봐요 ❹ 한 적이 있어요

6. 가 : 새로 지은 도서관에 가 봤어요?
나 : 네, 아주 크고 시설이 (   ).

❶ 좋더군요 ❷ 좋은가 봐요 ❸ 좋겠어요 ❹ 좋을 것 같아요

7. 가 : 신청서가 어디에 있어요?
나 : 신청서가 저쪽 책상 위에 (   ).

❶ 놓았어요 ❷ 놓겠어요 ❸ 놓고 있어요 ❹ 놓여 있어요

[8-10] 〈보기〉와 같이 (   )에 알맞은 것을 고르십시오.

> 보기
> 가 : 이 구두가 어떻습니까?
> 나 : (   ) 너무 비싸요.
>
> ❶ 예뻐서 ❷ 예쁘면 ❸ 예쁘거나 ✔ 예쁘지만

8. 가 : 친구를 만나면 보통 뭘 해요?
나 : 같이 영화를 (   ) 산책을 해요.

❶ 보니까 ❷ 보거나 ❸ 보는데 ❹ 보지만

9. 가 : 왜 그렇게 조금 먹어?
나 : 너무 (   ) 더 못 먹겠어.

❶ 매워 가지고 ❷ 맵기 위해서 ❸ 맵기는 하지만 ❹ 매운 데다가

10. 가 : 이 소설책이 재미있어요?
나 : 네, 읽으면 (   ) 재미있어요.

❶ 읽어도 ❷ 읽어야 ❸ 읽을수록 ❹ 읽으니까

[11-12] 〈보기〉와 같이 밑줄 친 부분이 틀린 것을 고르십시오.

> 보기
> ❶ 오늘 시험을 봐요. ✔❷ 내일 숙제를 했어요.
> ❸ 다음 주에 농구를 할 거예요. ❹ 지난 토요일에 친구를 만났어요.

11.

❶ 어제 산 옷을 바꾸고 싶은데요.
❷ 지금 노래를 하는 사람이 누구예요?
❸ 수업이 끝나고 재미있는 영화를 보자.
❹ 저기에 앉아 있은 사람은 내 동생이야.

12.

❶ 종이가 찢어졌어요.
❷ 옷에 커피가 쏟아졌어요.
❸ 운동을 해도 살이 안 빼져요.
❹ 그 학교가 100년 전에 세워졌어요.

[13-15] 〈보기〉와 같이 빈칸에 알맞은 것을 고르십시오.

> 보기
> 가 : 언제 회의가 있어요?
> 나 : ____________________.
>
> ❶ 내일 2시간이나 해요 ❷ 내일 2시에 하고 있어요
> ❸ 내일 2시간밖에 안 해요 ✔❹ 내일 2시에 하기로 했어요

13. 가 : 놀이공원에 갔다가 왔어요.
나 : 그래요? ____________________ .

❶ 재미있었어요 ❷ 재미있더군요 ❸ 재미있었겠군요 ❹ 재미있을 거예요

14. 가 : 왜 안 와? 지금 어디에 있어?
나 : ______________________.

❶ 곧 갈 테니까 좀 기다려 줘 ❷ 곧 가기 위해서 좀 기다려 줘
❸ 곧 가기 때문에 좀 기다려 줘 ❹ 곧 갈 수 있어서 좀 기다려 줘

15. 가 : 한국에서 무엇을 해요?
나 : ______________________.
가 : 어느 학교에 다녀요?

❶ 한국말을 배우고 있어요 ❷ 한국이 얼마나 좋은지 몰라요.
❸ 회사에 다니는데 힘들어요 ❹ 한국말을 가르치는 줄 알았어요

[16-17] 〈보기〉와 같이 두 문장을 바르게 연결한 것을 고르십시오.

보기

책을 빌립니다. 도서관에 갑니다.

❶ 책을 빌리러 도서관에 갑니다. ❷ 책을 빌린 지 도서관에 갑니다.
❸ 책을 빌리지만 도서관에 갑니다. ❹ 책을 빌리는데 도서관에 갑니다.

16. 이번 학기가 끝납니다. 여행을 떠날 거예요.

❶ 이번 학기가 끝나거나 여행을 떠날 거예요.
❷ 이번 학기가 끝나려면 여행을 떠날 거예요.
❸ 이번 학기가 끝나는 대로 여행을 떠날 거예요.
❹ 이번 학기가 끝나기 위해서 여행을 떠날 거예요.

17. 냉장고 문을 열어 봤습니다. 아무것도 없었습니다.

❶ 냉장고 문을 열어 보고 아무것도 없었습니다.
❷ 냉장고 문을 열어 봐서 아무것도 없었습니다.
❸ 냉장고 문을 열어 보니까 아무것도 없었습니다.
❹ 냉장고 문을 열어 보기 때문에 아무것도 없었습니다.

[18-19] 다음 대화를 읽고 질문에 답하십시오.

가 : 동아리 활동을 (㉠) 무슨 동아리가 좋을까?
나 : 사진 동아리가 어때? 사진 찍는 것을 좋아하지?
가 : 응, 사진 동아리가 좋을 것 같아.
나 : 사진 동아리에 (㉡) 친구가 있으니까 내가 소개해 줄게.

18. ㉠에 알맞은 것을 고르십시오.

❶ 하고 싶지만 ❷ 하고 싶어서 ❸ 하고 싶거나 ❹ 하고 싶은데

19. ㉡에 알맞은 것을 고르십시오.

❶ 안 ❷ 알 ❸ 아는 ❹ 알은

[20-21] 다음 대화를 읽고 질문에 답하십시오.

가 : 여보세요, 서울전자 서비스센터이지요? 냉장고에 이상이 (㉠) 전화했어요.
나 : 네, 고객님. 무슨 문제인가요?
가 : 일주일 전에 샀는데 냉장고에서 소리가 심하게 나요.
나 : 알겠습니다. 내일 오전에 방문해서 수리해 (㉡) 주소를 말씀해 주세요.

20. ㉠에 알맞은 것을 고르십시오.

❶ 있어서 ❷ 있으면 ❸ 있어 보니까 ❹ 있기 위해서

21. ㉡에 알맞은 것을 고르십시오.

❶ 드리려고 ❷ 드리거나 ❸ 드리지만 ❹ 드릴 테니까

[22-23] 다음을 읽고 질문에 답하십시오.

> 보고 싶은 친구에게
>
> 그동안 잘 지냈니?
> 서울은 요즘 장마철이야. 지금도 비가 많이 오고 있어. 그곳은 날씨가 어때? 한국에 (　　㉠　　) 벌써 6개월이 지났어. 처음에는 힘들었는데 이제는 한국 친구도 많이 사귀고 한국생활에도 익숙해졌어.
> 지난주에는 친구들과 부산에 다녀왔어. 해운대에 가서 수영도 하고 자갈치 시장에서 생선회도 먹었어. 얼마나 재미있었는지 몰라. 다음에 네가 한국에 오면 같이 부산에 가자.
> 다음 주에는 시험이 있어. 그래서 이번 주부터 좀 (　　㉡　　). 시험이 끝나면 다시 연락할게.
>
> 서울에서 사라가

22. ㉠에 알맞은 것을 고르십시오.

❶ 왔는 지　　❷ 오는 지　　❸ 온 지　　❹ 올 지

23. ㉡에 알맞지 않은 것을 고르십시오.

❶ 바쁠게　　❷ 바쁠 것 같아　　❸ 바빠질 거야　　❹ 바빠실 섯 같아

[24] 〈보기〉를 이용해 문장을 만드십시오.

> 보기　에 대해서　자료를　찾아봤어요　한국 문화　알고 싶어서

24. 한국 문화 ________________________________.

5회

[1-3] 〈보기〉와 같이 (　　)에 알맞은 것을 고르십시오.

> 보기
>
> 저는 한식(　) 좋아합니다.
>
> ❶ 이　　❷ 을 (✓)　　❸ 에　　❹ 의

1. 동생이 하루 종일 책(　　) 보고 있어요.

❶ 이　　❷ 만　　❸ 과　　❹ 에

2. 할 일도 없는데 텔레비전(　　) 볼까요?

❶ 이나　　❷ 까지　　❸ 밖에　　❹ 보다

3. 한국 역사(　　　) 관심이 많아서 한국으로 유학가기로 했어요.

❶ 에게서　　❷ 에다가　　❸ 에 대해서　　❹ 에 비해서

[4-7] 〈보기〉와 같이 (　　)에 알맞은 것을 고르십시오.

> 보기
>
> 가 : 어제 뭘 했어요?
> 나 : 친구를 (　　).
>
> ❶ 만나요　　❷ 만납시다　　❸ 만났어요 (✓)　　❹ 만날 거예요

4. 가 : 우리 가족사진이에요. 한번 보세요.
나 : 아버지께서 키가 (　　　).

❶ 크시군요　　❷ 크실래요　　❸ 크셨어요　　❹ 크셨나요

5. 가 : 영수 씨에게 전화해 봤어요?
나 : 네, 그런데 전화를 해도 안 받아요. 집에 (   ).

❶ 없을 것 같아요 ❷ 없나 봐요
❸ 없었나 봐요 ❹ 없을 건가 봐요

6. 가 : 한복을 입어 봤어요?
나 : 네, 한국 친구한테서 빌려 가지고 (   ).

❶ 입겠어요 ❷ 입을게요
❸ 입으려고 해요 ❹ 입은 적이 있어요

7. 가 : 며칠 동안 계속 눈이 오는군요.
나 : 네, 내일도 (   ).

❶ 눈이 오면 돼요 ❷ 눈이 오나 봐요
❸ 눈이 올 것 같아요 ❹ 눈이 오려고 해요

[8-10] 〈보기〉와 같이 (   )에 알맞은 것을 고르십시오.

> 보기
> 가 : 학생식당 음식이 어때요?
> 나 : (   ) 맛있어요.
>
> ❶ 싸고 ❷ 싸서 ❸ 싸면 ❹ 싸도

8. 가 : 안녕하십니까? 처음 뵙겠습니다.
나 : 네, (   ) 반갑습니다.

❶ 만나고 ❷ 만나서 ❸ 만나니까 ❹ 만났으면

9. 가 : 실례지만 이 버스 신촌으로 갑니까?
나 : 신촌으로 (   ) 건너편에서 타세요.

❶ 가러 ❷ 가서 ❸ 가려면 ❹ 가는데

10. 가 : 조금 늦게 도착할 것 같은데 괜찮을까요?
나 : 네, (   ) 괜찮으니까 천천히 오세요.

❶ 늦어서 ❷ 늦는데 ❸ 늦으면 ❹ 늦어도

[11-12] 〈보기〉와 같이 밑줄 친 부분이 틀린 것을 고르십시오.

보기
❶ 같이 듣읍시다.
❷ 배가 많이 아파요.
❸ 얼굴이 빨개졌어요.
❹ 집이 회사에서 가까워요.

11.
❶ 시간이 없는데 택시를 타세요.
❷ 비가 와서 축구를 할 수 없어요.
❸ 모두 도착했으니까 빨리 출발합시다.
❹ 아프기 때문에 병원에 가십시오.

12.
❶ 단풍잎이 노래졌어요.
❷ 내일 날씨가 어땔까요?
❸ 제주도 바다가 정말 파랗군요.
❹ 피곤해서 그런지 눈이 빨개요.

[13-15] 〈보기〉와 같이 빈칸에 알맞은 것을 고르십시오.

보기
가 : 우리 오늘 뭘 할까요?
나 : ____________________.

❶ 영화를 보세요 ❷ 영화를 봤어요
❸ 영화를 봅시다 ❹ 영화를 보겠어요

13. 가 : 뭘 잡수시겠습니까?
나 : ______________________.

❶ 저는 불고기로 먹겠습니다.
❷ 저는 불고기를 하겠습니다.
❸ 저는 불고기로 하겠습니다.
❹ 저는 불고기를 잡수시겠습니다.

14. 가 : 퇴근 후에 연극을 보러 가려고 하는데 같이 갈래요?
나 : ______________________.

❶ 일이 많아서 못 가요
❷ 일이 많아서 안 갔어요
❸ 일이 많으면 가지 마세요
❹ 일이 많아서 못 갔어요

15. 가 : 이따가 집으로 전화해 주시겠어요?
나 : ______________________.
가 : 2123-3465입니다.

❶ 전화번호를 가르쳐 주세요
❷ 전화번호를 가르쳐 줬어요
❸ 전화번호를 가르쳐 줄게요
❹ 전화번호를 가르쳐 줍니다.

[16-17] 〈보기〉와 같이 두 문장을 바르게 연결한 것을 고르십시오.

보기

가방을 열어 봤습니다. 지갑이 없었습니다.

❶ 가방을 열어 보는데 지갑이 없었습니다.
❷ 가방을 열어 보거나 지갑이 없었습니다.
❸ 가방을 열어 보지만 지갑이 없었습니다.
✔❹ 가방을 열어 보니까 지갑이 없었습니다.

16. 점심을 잘못 먹었습니다. 배탈이 났어요.

❶ 점심을 잘못 먹었고 배탈이 났어요.
❷ 점심을 잘못 먹었으면 배탈이 났어요.
❸ 점심을 잘못 먹어 가지고 배탈이 났어요.
❹ 점심을 잘못 먹은 것 같아서 배탈이 났어요.

17. 버스를 타고 갑니다. 창밖을 구경합니다.

❶ 버스를 타고 가지만 창밖을 구경합니다.
❷ 버스를 타고 가려면 창밖을 구경합니다.
❸ 버스를 타고 가거나 창밖을 구경합니다.
❹ 버스를 타고 가면서 창밖을 구경합니다.

[18-19] **다음 대화를 읽고 질문에 답하십시오.**

가 : 주말에 고향에 다녀왔어요.
나 : 오랜만에 가족을 만나서 (㉠).
가 : 네, 사촌언니가 결혼을 해서 친척들이 많이 모였어요. 마이클 씨는 한국 결혼식에 (㉡)?
나 : 아니요, 아직 못 가 봤어요. 한번 가 보고 싶어요.

18. ㉠에 알맞은 것을 고르십시오.

❶ 반갑군요 ❷ 반갑웠군요 ❸ 반갑겠군요 ❹ 반가웠겠군요

19. ㉡에 알맞지 않은 것을 고르십시오.

❶ 가 봤어요 ❷ 가 본 적이 있어요
❸ 가려고 해요 ❹ 간 일이 있어요

[20-21] **다음 대화를 읽고 질문에 답하십시오.**

가 : 옷을 좀 사야 하는데 어디가 좋을까요?
나 : 동대문 시장이 어때요? 다른 곳(㉠) 좀 싸다고 들었어요.
가 : 동대문 시장에 어떻게 (㉡)?
나 : 네, 알아요. 지하철 4호선을 타고 동대문역사문화공원역에서 내려서 2번 출구로 나가세요.

20. ㉠에 알맞은 것을 고르십시오.

❶ 에게서 ❷ 에다가 ❸ 에 비해서 ❹ 에 대해서

21. ㉡에 알맞은 것을 고르십시오.

❶ 가는지 아세요 ❷ 갈 지 아세요
❸ 갔는지 아세요 ❹ 간 지 아세요

[22-23] **다음을 읽고 질문에 답하십시오.**

> 서울 생활의 도우미, 120다산콜센터(http://120.seoul.go.kr)를 아세요?
> 서울에서 생활할 때 생기는 모든 어려움을 전화로 해결해 보세요. 서울의 관광지, 음식점, 문화 행사, 교통에 대해서 알고 싶은 것이 생기면 언제든지 120다산콜센터로 전화하세요. 공공 기관의 전화번호를 (㉠) 아르바이트를 하고 싶을 때도 전화해 보세요. 상담원과 직접 통화하여 문제를 (㉡). 한국어 외에도 영어, 일본어, 중국어, 베트남어, 몽골어 서비스도 가능합니다.

22. ㉠에 알맞은 것을 고르십시오.

❶ 알고 싶거나 ❷ 알고 싶어도 ❸ 알고 싶은데 ❹ 알고 싶지만

23. ㉡에 알맞은 것을 고르십시오.

❶ 해결하나 봅니다 ❷ 해결할 수 있습니다
❸ 해결할까 합니다 ❹ 해결하려고 합니다

[24] **〈보기〉를 이용해 문장을 만드십시오.**

> 보기 가던 전에 만나자 자주 커피숍에서

24. 전에 ______________________.

부록

모범 답안
유형별 연습문제 지문
종합 연습문제 지문
색인

모범 답안

◆ 문법 알아보기 모범 답안

ㄱ

001 -거나

1. 먹거나
2. 없거나
1. 술을 마시거나 잠을 많이 자요.
2. 친구를 만나거나 밀린 집안일을 해요.

002 -게

1. 재미있
2. 크
1. 늦게 왔어요.
2. 즐겁게 보냈어요.

003 -게 되다

1. 하
2. 살
1. 미국으로 출장을 가게 됐습니다.
2. 하숙비가 올라서 이사하게 됐습니다.

004 -겠-[1]

1. 공부하
2. 끊
1. 불고기를 먹겠습니다.
2. 등산을 하겠습니다.

005 -겠-[2]

1. 영어를 잘 하
2. 맛있
1. 힘들
2. 재미있었

006 -고

1. 주스가 맛있고 시원합니다.
2. 선생님과 이야기도 하고 커피도 마십니다.
1. 영어를 공부하
2. 점심을 먹고 아르바이트를 합니다.

007 -고 싶다

1. 싶어요
2. 싶어해요.
1. 커피를 마시고 싶어요.
2. 푹 쉬고 싶어요.

008 -고 있다

1. 자
2. 공부하
1. 인터넷을 하고 있어.
2. 신문을 보고 있다.

009 과

1. 와, 과
2. 와
1. 미선 씨는 순두부찌개와 잡채를 좋아합니다.
2. 마이클 씨는 수영과 농구를 좋아합니다.

010 -기는 하지만

1. 여행을 좋아하기는 하지만 자주 못 가요.
2. 이 가방이 예쁘기는 하지만 튼튼하지 않아요.
1. 있기는 하지만 좁아요.
2. 배우기는 했지만 잘 하지 못해요.

011 -기 때문에

1. 일요일이기 때문에
2. 했기 때문에
1. 물건 값이 싸기 때문에 자주 가요.
2. 시험 점수가 나쁘기 때문에 기분이 안 좋아요.

012 -기로 하다

1. 쇼핑하
2. 미루

1. 유럽으로 배낭여행을 가기로 했어요.
2. 비행기를 타고 가기

013 –기 위해서

1. 스트레스를 풀기 위해서 노래방에 갔어요.
2. 건강해지기 위해서 운동을 하고 있어요.
1. 집을 사
2. 가족을

014 –기 전에

1. 점심을 먹어요.
2. 운동하기 전에 아르바이트를 해요.
1. 수업을 시작하기 전에 커피를 마셨어요.
2. 자기 전에 일기를 써요.

ㄴ

015 –나 보다

1. 바쁜가
2. 왔나
1. 배가 고픈가
2. 교통사고가 났나

016 –나요?

1. 오나요?
2. 얼마인가요?
1. 그 영화가 재미있었나요?
2. 무슨 일이 있나요?

017 –냐고 하다

미선 : "운동을 좋아해요?"	미선 씨가 운동을 좋아하냐고 합니다.
샤오밍 : "요즘 바빠요?"	샤오밍 씨가 요즘 바쁘냐 고 합니다.
아버지 : "왜 늦었니?"	아버지께서 왜 늦었냐고 하십니다.
어머니 : "내일 모임에 가겠니?"	어머니께서 내일 모임에 가겠냐고 합니다.
친구 : "왜 음식을 먹지 않니?"	친구가 왜 음식을 먹지 않냐고 합니다.

1. 왜 한국에 왔
2. 한국말 공부가 재미있

018 –는

1. 비싼 가방을 샀어요.
2. 중국에서 온 왕웨이입니다.
1. 좋아하는 음식이 비빔밥이에요.
2. 어제 만난 사람이 우리 반 친구예요.

019 –는 것 같다

1. 세일을 하는
2. 잠을 못 잔
1. 인터넷을 하는
2. 맑을

020 –는군요

1. 맛있군요.
2. 공부하는군요.
1. 예쁘군요.
2. 잘 생겼군요.

021 –는다

높임말	반말
주말에는 출근하지 않습니다.	주말에는 출근하지 않는다.
제주도는 한국의 유명한 관광지입니다.	제주도는 한국의 유명한 관광지이다.
공항까지 1시간 걸렸습니다.	공항까지 1시간 걸렸다.
앞으로 열심히 공부하겠습니다.	앞으로 열심히 공부하겠다.

1. 갔다.
2. 좋겠다.

022 –는다고 하다

미선 : "주말마다 남자친구를 만나."	미선 씨가 주말마다 남자 친구를 만난다고 합니다.
아이 : "배가 아파요."	아이가 배가 아프다고 합니다.
제인 : "어제 등산을 했어."	제인 씨가 어제 등산을 했다고 합니다.
친구 : "내일 일찍 오겠습니다."	친구가 내일 일찍 오겠다 고 합니다.
선생님 : "이번 시험이 어렵지 않아요."	선생님이 이번 시험이 어렵지 않다고 합니다.

1. 마이클 씨가 지금 커피숍에 있다고
2. 웨이 씨가 주말에 시험공부를 했다고

023 –는 대로

1. 편지를 받는 대로 답장을 하겠습니다.
2. 아버지께서 들어오시는 대로 저녁을 먹자.
1. 시험이 끝나는 대로 고향에 돌아갈 거야.
2. 방학을 하는 대로 여행을 떠날 거예요.

024 –는데[1]

1. 방은 좁은데 거실은 넓어요.
2. 작년에는 한국말을 하나도 몰랐는데 지금은 조금 할 수 있어요.
1. 먹고 싶은데
2. 따뜻했는데

025 –는데[2]

1. 학생 식당은 복잡한데 학교 앞 식당은 어때요?
2. 한국 사람들은 설날에 떡국을 먹는데 일본 사람들은 무엇을 먹습니까?
1. 바쁜데
2. 시험이 있는데

026 –는데[3]

1. 저는 학생 식당에 자주 가는데 맛도 좋고 값도 싸요.
2. 어제 학교에서 샤오밍 씨를 만났는데 아주 반가웠어요.
1. 수영을 배우는데 아주 재미있어요.
2. 샤오밍 씨인데 중국에서 왔어요.

027 –는데[4]

1. [O]
   [X]
2. [X]
   [O]
1. 예쁜데
2. 시간이 없는데

028 –는 데다가

1. 비가 오는 데다가 바람도 많이 붑니다.
2. 학교 앞 커피숍은 커피 값이 싼 데다가 서비스도 좋아요.
1. 감기에 걸린 데다가 배탈도 나서 학교에 못 왔어요.
2. 운동도 잘 하는데다가 피아노도 잘 쳐요.

029 –는데요

1. 지금 비가 오는데요.
2. 김치가 좀 짠데요.
1. 약속이 있는데요.
2. 자장면이 먹고 싶은데요.

030 –는 동안

1. 영화를 보는 동안 휴대 전화를 꺼 놓으세요.
2. 영수 씨가 점심을 먹는 동안 샤오밍 씨는 텔레비전을 봤습니다.
1. 한국에 있는 동안 무엇을 하고 싶어요?
2. 몇 년 동안 한국어를 공부했어요?

031 –는 줄 알다

1. 대학생인 줄
2. 복잡할 줄
1. 못 먹는 줄 알았어요.
2. 오늘인 줄 알았어요.

032 –는지 알다/모르다

1. 경복궁이 어디에 있는지 아십니까?
2. 리에 씨 생일이 언제인지 알아요?
1. 회의가 몇 시에 끝날지 아세요?
2. 웨이 씨가 어제 무엇을 했는지 알아요?

033 –니?

높임말	반말
가방이 무겁습니까?	가방이 무겁니?
이것은 누구 안경입니까?	이것은 누구 안경이니?
어제 서울에 눈이 왔습니까?	어제 서울에 눈이 왔니?
무슨 노래를 부르겠습니까?	무슨 노래를 부르겠니?

1. 축구를 잘 하니?
2. 지금 뭐 하니?

ㄷ

034 ㄷ 불규칙 용언

ㄷ 불규칙 용언	-고	-어서 /아서	-으면/면	-으세요 /세요
듣다	듣고	들어서	들으면	들으세요
걷다	걷고	걸어서	걸으면	걸으세요
싣다	싣고	실어서	실으면	실으세요
*닫다	닫고	닫아서	닫으면	닫으세요
*받다	받고	받아서	받으면	받으세요

1. 들읍시다.
2. 물어

035 -다가

1. 똑바로 가다가 오른쪽으로 가십시오.
2. 영화를 보다가 재미없어서 나갔어요.
1. 축구를 하다가 다리를 다쳤어요.
2. 배우다가 시간이 없어서 그만 뒀어요.

036 -더군요

1. 맑
2. 잘 하
1. 슬프
2. 오셨

037 -던

1. 아이가 먹던 케이크를 엄마가 먹습니다.
2. 형이 치던 피아노를 제가 치고 있어요.
1. 함께 숙제를 하
2. 같이 운동을 하

038 도

1. 도
2. 에서도
1. 배도 많습니다.
2. 저도 숙제를 합니다.

ㄹ

039 ㄹ 불규칙 용언

ㄹ 불규칙 용언	-어요 /아요	-습니다 /ㅂ니다	-는데, -은데 /ㄴ데	-으세요 /세요
살다	살아요	삽니다	사는데	사세요
팔다	팔아요	팝니다	파는데	파세요
만들다	만들어요	만듭니다	만드는데	만드세요
놀다	놀아요	놉니다	노는데	노세요
울다	울어요	웁니다	우는데	우세요
열다	열어요	엽니다	여는데	여세요
걸다	걸어요	겁니다	거는데	거세요
길다	길어요	깁니다	긴데	
멀다	멀어요	멉니다	먼데	

1. 옷걸이에 거세요.
2. 학교 기숙사에서 삽니다.

040 르 불규칙 용언

르 불규칙 용언	-으니까 /니까	-어요 /아요	-었어요 /았어요	-어서 /아서
자르다	자르니까	잘라요	잘랐어요	잘라서
마르다	마르니까	말라요	말랐어요	말라서
모르다	모르니까	몰라요	몰랐어요	몰라서
고르다	고르니까	골라요	골랐어요	골라서
기르다	기르니까	길러요	길렀어요	길러서
흐르다	흐르니까	흘러요	흘렀어요	흘러서
서두르다	서두르니까	서둘러요	서둘렀어요	서둘러서
게으르다	게으르니까	게을러요	게을렀어요	게을러서

1. 불러서
2. 몰랐어요.

ㅁ

041 만

1. 만
2. 만
1. 숙제만 했어요.
2. 학교 앞 서점에서만 팔아요.

042 만에

1. 고향 음식을 6개월 만에 먹었습니다.
2. 집에 온 지 10분 만에 다시 밖으로 나갔습니다.
1. 1년 만에 가는 여행이에요.
2. 몇 년 만에 동창을 만났어요?

043 만큼

1. 고기

2. 어른
1. 영어 시간만큼 재미있는 시간이 없어요.
2. 제주도만큼 아름다운 곳이 없어요.

ㅂ

044 ㅂ 불규칙 용언

ㅂ 불규칙 용언	-고	-어요/아요	-은/ㄴ	-으면/면
춥다	춥고	추워요	추운	추우면
맵다	맵고	매워요	매운	매우면
싱겁다	싱겁고	싱거워요	싱거운	싱거우면
어렵다	어렵고	어려워요	어려운	어려우면
쉽다	쉽고	쉬워요	쉬운	쉬우면
고맙다	고맙고	고마워요	고마운	고마우면
돕다	돕고	도와요	도운	도우면
곱다	곱고	고와요	고운	고우면

1. 어려워요.
2. 도와

045 밖에

1. (O)
   (X)
2. (X)
   (O)
1. 한 시간밖에 안 했어요.
2. 두 벌밖에 없어요.

046 보다

1. 영어보다 한국어가 재미있어요.
2. 수영보다 축구를 잘 해요.
1. 서울보다 고향이 더워요.
2. 시골보다 도시를 더 좋아해요.

047 부터

1. 청소부터 해요.
2. 경복궁부터 가고 싶어요.
1. 아침에 일어나면 세수부터 해요.
2. 방학을 하면 여행부터 가고 싶어요.

048 부터 까지

1. 부터, 까지
2. 부터, 까지
1. 14일부터 16일까지 시험입니다.
2. 무슨 요일부터 무슨 요일까지 한국어 수업이 있어요?
   월요일부터 목요일까지 한국어 수업이 있어요.

ㅅ

049 ㅅ 불규칙 용언

ㅅ 불규칙 용언	-고	-어서/아서	-으니까/니까	-었어요/았어요
젓다	젓고	저어서	저으니까	저었어요
잇다	잇고	이어서	이으니까	이었어요
긋다	긋고	그어서	그으니까	그었어요
짓다	짓고	지어서	지으니까	지었어요
*웃다	웃고	웃어서	웃으니까	웃었어요
*씻다	씻고	씻어서	씻으니까	씻었어요
*벗다	벗고	벗어서	벗으니까	벗었어요
*빗다	빗고	빗어서	빗으니까	빗었어요

1. 지으려면
2. 씻은

050 -습니까?

1. 큽니까?
2. 시작합니까?
1. 요즘 바쁩니까?
2. 누가 가르칩니까?

051 -습니다

1. 맵습니다.
2. 만납니다.
1. 공원에 갑니다.
2. 네, 숙제가 많습니다.

ㅇ

052 -어

1. 먹을 수 없어
2. 닫아.
1. 친절하고 똑똑한 사람이 좋아.
2. 같이 공원에 가.

053 -어 가지고[1]

1. 배운 단어로 문장을 만들어 가지고 오세요.
2. 은행에서 돈을 찾아 가지고 등록금을 냈어요.
1. 돈을 모아 가지고 컴퓨터를 사고 싶어요.
2. 한국어를 배워 가지고 한국 회사에 취직할 거예요.

054 **–어 가지고**[2]

1. 바람이 많이 불어 가지고 나무들이 쓰러졌습니다.
2. 언니와 얼굴이 비슷해 가지고 친구들이 자주 오해해요.
1. 피곤해 가지고 일찍 왔어요.
2. 음식을 잘못 먹어 가지고 식중독에 걸렸어요.

055 **–어도**

1. 비가 와도 축구를 할 거예요.
2. 술을 많이 마셔도 취하지 않아요.
1. 택시로 가도 제 시간에 갈 수 없을 거예요.
2. 비싸도 사고 싶어요.

056 **–어도 되다**

1. 앉아도
2. 퇴근해도
1. 이 옷 한번 입어 봐도 돼요?
2. 신발을 신고 집에 들어가면 안 돼요.

057 **–어라**

높임말	반말
여기에 이름을 쓰십시오.	여기에 이름을 써라.
열심히 공부하십시오.	열심히 공부해라.
밖에 나가지 마십시오.	밖에 나가지 마라.
다른 사람의 시험지를 보지 마십시오.	다른 사람의 시험지를 보지 마라.

1. 배가 고프면 먹어라
2. 텔레비전을 켜

058 **–어 보다**

1. 이야기해
2. 신어
1. 쇼핑을 해
2. 찾아

059 **–어 보이다**

1. 어려
2. 멋있어
1. 맛있어
2. 피곤해

060 **–어서**[1]

1. 불고기를 만들어서 친구들과 먹겠습니다.
2. 학교에 와서 수업을 들었습니다.
1. 집에 돌아가서
2. 횡단보도를 건너서

061 **–어서**[2]

1. 늦어서 죄송합니다.
2. 옷을 많이 입어서 춥지 않습니다.
1. 값이 싸서 자주 갑니다.
2. 배가 아파서 회사에 안 갔어요.

062 **–어서 그런지**

1. 아주머니가 친절해서
2. 한국에서 오래 살아서
1. 주말이어서
2. 운동을 해서

063 **–어야 하다**

1. 불러야
2. 키가 커야
1. 9시까지 도착해야 합니다.
2. 한국 친구를 많이 사귀어야 해요.

064 **–어요**

동사/형용사	–어요/아요/여요
타다	타요
앉다	앉아요
좋다	좋아요
주다	주어요/줘요
크다	커요
마시다	마셔요
바쁘다	바빠요
일하다	일해요
복잡하다	복잡해요

1. 학교에 가요.
2. 영화를 봐요.

065 **–어 있다**

1. 닫혀
2. 서
1. 컴퓨터가 놓여 있어요.
2. 영수 씨가 와 있었어요.

066 **-어 주다**
1. 줬어요.
2. 주세요.
1. 도와
2. 깎아

067 **-어지다**[1]
1. 시원해질 거예요.
2. 피부가 좋아질 거예요.
1. 깨끗해졌어요.
2. 나빠졌어요.

068 **-어지다**[2]
1. 불이 켜졌어요.
2. 종이가 찢어졌어요.
1. 빠져서
2. 기다려져요.

069 **-어하다**
1. [X]
   [O]
2. [X]
   [O]
1. 제주도에 가고 싶어해요.
2. 재미있어했어요.

070 **-었-**
1. 따뜻했어요.
2. 갔어요.
1. 친구를 만났어요.
2. 아주 재미있었어요.

071 **-었다가**
1. 의자에 앉았다가 일어섰습니다.
2. 텔레비전을 켰다가 껐습니다.
1. 방학에 고향에 갔다가 왔어요.
2. 버스를 잘못 타서 탔다가 내렸어요.

072 **-었던**
1. 만났던
2. 입으셨던
1. 불렀던 한국 노래를 부를 거예요.
2. 좋았던 곳은 제주도예요.

073 **에**[1]
1. 지갑 안에 돈과 카드가 있습니다.
2. 학생들이 의자에 앉습니다.
1. 네, 버스에 사람이 많습니다.
2. 꽃병을 책상 위에 놓으세요.

074 **에**[2]
1. 에
2. 에
1. 수요일에 시험이 있어요.
2. 아침에 운동을 해요.

075 **에**[3]
1. 에
2. 에
1. 하루에 4시간쯤 공부해요.
2. 한 달에 두 번 영화를 봐요.

076 **에게**
1. 에게
2. 께
1. 동생에게 전화를 했어요.
2. 남자친구에게 넥타이를 선물하고 싶습니다.

077 **에게서**
1. 친구에게서 꽃을 받았습니다.
2. 언니에게서 옷을 빌렸습니다.
1. 부모님께 선물을 받았어요.
2. 이 책을 도서관에서 빌렸어요.

078 **에다가**
1. 신청서에다가 사진을 붙여요.
2. 편지봉투에다가 주소를 써요.
1. 공책에다가 적었어요.
2. 옷걸이에다가 거세요.

079 **에 대해서**
1. 역사

2. 전쟁
1. 한국 문화에 대해서 알아보고 싶어요.
2. 좋아하는 가수에 대해서 이야기해요.

080 에 비해서

1. 기말시험이 중간시험에 비해서 쉬웠어요.
2. 제 조카는 나이에 비해서 키가 커요.
1. 버스에 비해서 지하철을 타는 것이 빠를 거예요.
2. 값에 비해서 질이 좋아요.

081 에서

1. 은행에서 돈을 찾습니다.
2. 제주도에서 바다를 봤습니다.
1. 커피숍에서 친구를 만나요.
2. 어디에서 공부를 해요?
   도서관에서 공부를 해요.

082 에서 까지

1. 에서, 까지
2. 에서, 까지
1. 학교에서 하숙집까지 얼마나 걸려요?
2. 지하철역에서 기숙사까지 어떻게 왔습니까?

083 으 불규칙 용언

으 불규칙 용언	-ㅂ니다	-요 /아요	-었어요 /았어요	-어서 /아서
바쁘다	바쁩니다	바빠요	바빴어요	바빠서
고프다	고픕니다	고파요	고팠어요	고파서
나쁘다	나쁩니다	나빠요	나빴어요	나빠서
슬프다	슬픕니다	슬퍼요	슬펐어요	슬퍼서
기쁘다	기쁩니다	기뻐요	기뻤어요	기뻐서
크다	큽니다	커요	컸어요	커서
끄다	끕니다	꺼요	껐어요	꺼서

1. 바빠요.
2. 꺼

084 -으니까[1]

1. 아버지께서 주무시니까 조용히 해라.
2. 목이 마르니까 물 좀 주세요.
1. 날씨가 좋으니까 공원에 갑시다.
2. 교통이 복잡하니까 지하철을 타자.

085 -으니까[2]

1. 지갑을 열어 보니까 돈이 하나도 없었어요.
2. 10분쯤 기다리니까 친구가 왔어요.
1. 친구 집에 가니까 가족이 모두 집에 있었어요.
2. 친구 여동생을 만나 보니까 좋은 사람이었어요.

086 -으라고 하다

아버지 : "빨리 자라"	아버지께서 빨리 자라고 하십니다.
친구 : "공책을 보여 줘."	친구가 공책을 보여 달라고 합니다.
부모님 : "동생에게 영어를 가르쳐 줘라."	부모님께서 동생에게 영어를 가르쳐 주라고 하십니다.
선생님 : "결석하지 마세요."	선생님께서 결석하지 말라고 하십니다.

1. 웨이 씨가 10시까지 오라고
2. 청소하라고

087 -으러

1. 부치러
2. 찾으러
1. 먹으러
2. 빌리러

088 -으려고

1. (X)
   (O)
2. (O)
   (X)
1. 해외여행을 하려고 여권을 만들었어요.
2. 비자를 연장하려고 출입국관리사무소에 갔어요.

089 -으려고 하다

1. 공원에서 자전거를 타려고
2. 같이 저녁을 먹으려고
1. 선물을 사려고
2. 송별회를 하려고

090 -으려면

1. 돈을 찾으려면 비밀번호를 알아야 합니다.
2. 책을 빌리려면 학생증이 있어야 합니다.
1. 옷을 싸게 사려면 동대문시장으로 가세요.
2. 좋은 회사에 취직하려면 열심히 공부해야 해요.

091 **으로**[1]
1. 으로
2. 로
1. 오른쪽으로
2. 신촌으로

092 **으로**[2]
1. 한국말을 인터넷으로 공부합니다.
2. 이름을 연필로 쓰십시오.
1. 우유와 계란으로 만들었어요.
2. 버스로 가요.

093 **–으면**
1. 시간이 많으면
2. 많이 연습하면
1. 주말에 날씨가 좋으면 등산을 합시다.
2. 밤에 잠이 오지 않으면 우유를 마셔요.

094 **–으면서**
1. 웃으면서
2. 숙제하면서
1. 버스를 타고 오면서 음악을 들었어요.
2. 노래를 하면서 청소를 해요.

095 **–으면 안 되다**
1. 학생증이 없으면
2. 끊지 않으면
1. 보면 안 돼요.
2. 아니요, 청바지를 입으면 안 돼요.

096 **–으세요**
1. 좋으세요.
2. 가르치세요.
1. 갈비탕하고 순두부찌개를 주세요.
2. 공항에 가요.

097 **–으시–**
1. 들어오십니다.
2. 잡수십니다./드십니다.
1. 아버지께서 신문을 보십니다.
2. 김 교수님께서 강의실에 계세요.

098 **–으십시오**
1. 따라하십시오.
2. 입으십시오.
1. 책을 읽으십시오.
2. 음료수를 준비하십시오.

099 **은**
1. 은
2. 는, 은
1. 는
2. 은

100 **–은 적이 있다/없다**
1. 배운
2. 먹은
1. 버스를 잘못 탄
   버스를 잘못 탄 적이 있어요.
2. 아르바이트를 한
   아르바이트를 한 적이 없어요.

101 **–은 지**
1. 열린
2. 이 회사에 취직한
1. 이 휴대전화를 산 지 1년쯤 됐어요.
2. 한국말을 배운 지 6개월쯤 됐어요.

102 **–은 후에**
1. 일이 끝난 후에 친구를 만났어요.
2. 신문을 본 후에 아침을 먹습니다.
1. 아르바이트를 한 후에 숙제를 했어요.
2. 숙제를 한 후에 무엇을 했어요?
   숙제를 한 후에 저녁을 먹었어요.

103 **을**
1. 를
2. 을
1. 잡지를 읽고 있습니다.
2. 수업이 끝나고 친구들과 점심을 먹어요.

104 **–을 거예요**[1]
1. 여행을 갈

2. 있을
1. 저는 이번 주말에 등산을 할 거예요.
2. 4급까지 공부할 거예요.

105 -을 거예요[2]
1. 차가 밀릴
2. 사람들이 많을
1. 비가 오지 않을 거예요.
2. 웨이 씨가 시험을 잘 봤을 거예요.

106 -을게요
1. 닫을게요.
2. 돌아올게요.
1. 내일까지 끝낼게요.
2. 오늘은 내가 점심을 살게.

107 -을까요?[1]
1. 쉴까요?
2. 갈까요?
1. 비행기를 탑시다.
2. 어디에서 잘까요?

108 -을까요?[2]
1. 읽을까요?
2. 켤까?
1. 몇 시에 전화할까요?
2. 뭘 드릴까요?

109 -을까요?[3]
1. 좋을까요?
2. 어울릴까요?
1. 새로 나온 영화가 재미있을까요?
2. 누가 1등을 할까요?

110 -을까 하다
1. 묵을까
2. 마실까
1. 집에서 쉴까 해요.
2. 유학을 갈까 해요.

111 -을 때
1. 머리가 아플 때 이 약을 드세요.
2. 책을 읽을 때 전화가 왔어요.
1. 저는 기분이 좋을 때 술을 마시고 싶어요.
2. 교실에 들어왔을 때 샤오밍 씨가 있었어요.

112 -을래요?
1. 먹을래?
2. 산책할래요?
1. 우산을 같이 쓸래요?
2. 너도 같이 갈래?

113 -을수록
1. 급할수록
2. 읽으면 읽을수록
1. 입으면 입을수록
2. 쓰면 쓸수록

114 -을 수 있다/없다
1. 탈
2. 깎을
1. 갈 수 있어.
2. 한국에서 운전할 수 없어요.

115 -을지
1. 프랑스에 갈지 캐나다에 갈지
2. 태권도를 배울지 탈춤을 배울지
1. 6월까지 있을지 12월까지 있을지
2. 잘 할 수 있을지

116 -을 테니까
1. 오후에 비가 올 테니까 우산을 가지고 가세요.
2. 수업이 끝나는 대로 갈 테니까 잠시만 기다려 주십시오.
1. 잘 볼 수 있을 테니까 걱정하지 마세요.
2. 내가 청소를 할 테니까 너는 빨래를 해.

117 -읍시다
1. 앉읍시다.
2. 탑시다.
1. 네, 쉽시다.
2. 같이 술을 마십시다.

118 **의**
1. 일본의 수도
2. 단어의 의미
1. 웨이 씨의 책이에요.
2. 선생님의 성함이 이수진입니다.

119 **이**
1. 가
2. 께서
1. 한국 영화가 재미있습니다.
2. 누가 책을 읽겠습니까?

120 **이나**[1]
1. 내일이나 모레
2. 권투나 무술을
1. 밥이나 빵을 먹어요.
2. 제주도나 부산에 갈 거예요.

121 **이나**[2]
1. 녹차나
2. 만화책이나
1. 책이나 읽을 거예요.
2. 공원에나 갑시다.

122 **이나**[3]
1. 나
2. 이나
1. 두 시간이나
2. 네 명이나요?

123 **이나**[4]
1. 몇 벌이나
2. 얼마나
1. 모임에 몇 명이나
2. 한 달에 책을 몇 권이나

124 **이든지**
1. 든지
2. 이든지
1. 언제든지 전화하세요.
2. 누구든지 들어갈 수 있어요.

125 **이 아니다**
1. 이
2. 가
1. 한국대학교가 아닙니다.
2. 박 선생님이 아닙니다.

126 **입니까?**
1. 입니까
2. 입니까
1. 어느 나라 사람입니까?
2. 누가 오정희 씨입니까?

127 **입니다**
1. 입니다.
2. 입니다.
1. 제 친구입니다.
2. 여기는 서울입니다.

ㅈ

128 **-자**

높임말	반말
시끄러운데 문을 닫읍시다.	시끄러운데 문을 닫자.
이따가 같이 산책을 합시다.	이따가 같이 산책을 하자.
여기에서 사진을 찍지 맙시다.	여기에서 사진을 찍지 말자.
내일 만나지 말고 모레 만납시다.	내일 만나지 말고 모레 만나자.

1. 바다에 가
2. 다음 주에 시험이 있으니까 같이 공부하

129 **-자고 하다**

미선 : "의자에 앉읍시다."	미선 씨가 의자에 앉자고 합니다.
웨이 : "같이 축구를 하자."	웨이 씨가 같이 축구를 하자고 합니다.
선배 : "노래방에 가지 말자."	선배가 노래방에 가지 말자고 합니다.

1. 영화를 보
2. 같이 태권도를 배우

130 –지만

1. [X]
   [O]
2. [X]
   [O]
1. 비빔냉면이 맵지만 맛있습니다.
2. 형은 공부를 잘 하지만 동생은 공부를 잘 못합니다.

131 –지 말다

1. 담배를 피우
2. 떠들
1. 버스를 타
2. 까만 바지를 사지 말고 하얀 바지를 사세요.

132 –지 못하다

1. [X]
   [O]
2. [X]
   [O]
1. 한국 음식을 만들
2. 수영을 잘 하지 못해요./잘 못해요.

133 –지 않다

1. 좋아하
2. 숙제를 하
1. 바쁘지 않아요.
2. 출근하지 않습니다.

134 –지요?

1. 닫
2. 계시
1. 바쁘
2. 공휴일이

ㅊ

135 처럼

1. 인형처럼 예뻐요.
2. 바다처럼 넓어요.
1. 한국사람
2. 농구 선수처럼 키가 커요.

ㅎ

136 ㅎ 불규칙 용언

ㅎ 불규칙 용언	–습니까? /ㅂ니까?	–어서 /아서	–은/ ㄴ	–었어요 /았어요
파랗다	파랗습니까?	파래서	파란	파랬어요
노랗다	노랗습니까?	노래서	노란	노랬어요
하얗다	하얗습니까?	하얘서	하얀	하얬어요
까맣다	까맣습니까?	까매서	까만	까맸어요
그렇다	그렇습니까?	그래서	그런	그랬어요
저렇다	저렇습니까?	저래서	저런	저랬어요
어떻다	어떻습니까?	어때서	어떤	어땠어요

1. 까만
2. 어땠어요

137 하고

1. 하고
2. 하고 (같이)
1. 향수하고 액세서리를 받고 싶어요.
2. 언니하고 (같이) 갔어요.

◆ 유형별 연습문제 모범 답안

Ⅰ. 빈칸에 알맞은 문법을 골라서 문장 완성하기

1	❷	2	❸	3	❶	4	❹	5	❹	6	❸	7	❶	8	❹
9	❷	10	❸	11	❷	12	❸	13	❸	14	❹	15	❸	16	❷
17	❹	18	❶	19	❸	20	❸								

Ⅱ. 빈칸에 알맞은 문법(종결어미)을 골라서 대화 완성하기

1	❶	2	❸	3	❶	4	❹	5	❷	6	❹	7	❷	8	❸
9	❸	10	❶	11	❸	12	❷	13	❷	14	❶	15	❸	16	❶
17	❸	18	❷	19	❹	20	❷								

Ⅲ. 빈칸에 알맞은 문법(연결어미)을 골라서 대화 완성하기

1	❹	2	❷	3	❸	4	❹	5	❷	6	❶	7	❸	8	❹
9	❶	10	❷	11	❶	12	❹	13	❸	14	❹	15	❶	16	❶
17	❹	18	❷	19	❸	20	❶								

Ⅳ. 틀린 문장 찾기

1	❷	2	❶	3	❹	4	❸	5	❷	6	❸	7	❶	8	❸
9	❷	10	❹	11	❸	12	❹	13	❸	14	❹	15	❷	16	❶
17	❹	18	❸	19	❷	20	❶								

Ⅴ. 대화 완성하기

1	❷	2	❸	3	❸	4	❹	5	❶	6	❶	7	❹	8	❸
9	❸	10	❹	11	❸	12	❷	13	❹	14	❷	15	❹	16	❸
17	❶	18	❸	19	❹	20	❶								

Ⅵ. 두 문장을 한 문장으로 연결하기

1	❹	2	❷	3	❸	4	❷	5	❶	6	❶	7	❸	8	❷
9	❶	10	❹	11	❸	12	❷	13	❸	14	❸	15	❷	16	❷
17	❷	18	❶	19	❸	20	❶								

Ⅶ. 비슷한 의미의 문장 고르기

1	❹	2	❷	3	❶	4	❸	5	❷	6	❶	7	❷	8	❹
9	❸	10	❸	11	❹	12	❶	13	❸	14	❸	15	❷	16	❶
17	❹	18	❹	19	❸	20	❷								

Ⅷ. 대화를 읽고 빈칸에 알맞은 문법 고르기

1	❷	2	❶	3	❷	4	❸	5	❹	6	❸	7	❶	8	❸
9	❹	10	❶	11	❶	12	❹	13	❸	14	❹	15	❸	16	❹
17	❷	18	❶	19	❸	20	❷	21	❸	22	❹	23	❷	24	❶

Ⅸ. 긴 글을 읽고 빈칸에 알맞은 문법 고르기

1	❹	2	❶	3	❹	4	❸	5	❸	6	❷	7	❷	8	❸
9	❹	10	❸	11	❶	12	❸	13	❹	14	❶	15	❸	16	❶
17	❹	18	❸	19	❹	20	❷	21	❶	22	❹	23	❸	24	❷

Ⅹ. 제시된 표현을 사용하여 문장 만들기

1. 저 분이 한국어 선생님이지요?
2. 제가 좋아하는 운동은 축구입니다.
3. 책상 위에 연필과 공책이 있습니다.
4. 영국에 있는 언니에게서 전화가 왔어요.
5. 대학교를 졸업한 후에 뭘 할 거니?
6. 시험이 오전 9시부터 11시까지 있습니다.
7. 수업이 끝나고 영화를 보러 갑시다.
8. 외국에서 생활한 지 벌써 1년 됐어요.
9. 시장에 가면 재미있는 구경거리도 많아.
10. 발음 연습을 열심히 해도 좋아지지 않아요.
11. 친구 집에 도착하니까 파티를 하고 있었어요.
12. 내일은 수업이 없는데 뭘 하고 싶어?
13. 한국에서는 윗사람에게 반말을 쓰면 안 돼요.
14. 어제 간 곳이 어디입니까?
15. 색깔은 좋은데 무늬가 마음에 안 들어요.
16. 국립박물관에 가려면 몇 호선을 타야 합니까?
17. 여행한 곳 중에서 어디가 좋았습니까?
18. 책을 늦게 반납하면 연체료를 냅니다.
19. 집에서 학교까지 걸어서 20분쯤 걸려요.
20. 똑바로 가다가 횡단보도를 건너서 오른쪽으로 가십시오.

◆ 종합 연습문제 모범 답안

[1회]

1	❷	2	❸	3	❹	4	❷	5	❶	6	❷	7	❹	8	❸
9	❶	10	❸	11	❹	12	❷	13	❸	14	❶	15	❹	16	❹
17	❸	18	❶	19	❸	20	❹	21	❶	22	❷	23	❸		

24. 어제 만난 분이 김 선생님이에요?

[2회]

1	❶	2	❸	3	❹	4	❹	5	❸	6	❶	7	❹	8	❶
9	❷	10	❹	11	❷	12	❷	13	❶	14	❹	15	❶	16	❸
17	❹	18	❹	19	❶	20	❸	21	❹	22	❷	23	❶		

24. 집안 청소를 하다가 피곤해서 쉬고 있어요

[3회]

1	❷	2	❹	3	❷	4	❸	5	❹	6	❶	7	❸	8	❶
9	❷	10	❹	11	❷	12	❸	13	❹	14	❷	15	❸	16	❹
17	❷	18	❹	19	❸	20	❷	21	❹	22	❸	23	❷		

24. 이 영화는 보면 볼수록 재미있어요.

[4회]

1	❸	2	❷	3	❶	4	❶	5	❷	6	❶	7	❹	8	❷
9	❶	10	❸	11	❹	12	❸	13	❸	14	❶	15	❶	16	❸
17	❸	18	❹	19	❸	20	❶	21	❹	22	❸	23	❶		

24. 한국 문화에 대해서 알고 싶어서 자료를 찾아 봤어요.

[5회]

1	❷	2	❶	3	❸	4	❶	5	❷	6	❹	7	❸	8	❷
9	❸	10	❹	11	❹	12	❷	13	❸	14	❶	15	❶	16	❸
17	❹	18	❹	19	❸	20	❸	21	❶	22	❶	23	❷		

24. 전에 자주 가던 커피숍에서 만나자.

지문

◆ 유형별 연습문제 지문

Ⅸ. 다음을 읽고 물음에 답하십시오.

[1-2]

Shaoming!

Long time no see. How have you been? How's your life in Beijing?

I am going to travel to Beijing this summer. Michael is going together. I'd like to see you there. What do you think? Looking forward to your reply,

Youngsu Kim from Seoul

[3-4]

Youngsu Kim works for a company. He usually commutes by bus, but this morning the traffic was really bad due to an accident. He got off the bus and ran quickly to the nearest subway station. When his train arrived at Choongmuro station, he transferred to a bus to go to work. It was 9:20 when he arrived at work.

[5-6]

Shaoming went to a clothing shop to buy a skirt to go with her new blouse. She chose a white skirt but it was too short. Then she tried on a black one but it was a little big for her. Finally, she tried on a blue skirt that fit her well. She loved the color and the price was not very high, so she bought it and went home.

[7-8]

It's been 10 years since I smoked cigarettes. I have smoked about one pack a day. I have never tried to quit smoking for 10 years. Today feeling so bad, I went to see a doctor. The doctor told me that my health condition became bad due to smoking. He advised me that I should quit smoking.

[9-10]

We clean our house thoroughly once a month. Today we started cleaning after breakfast. Dad cleaned the yard and bathrooms, and mom did the kitchen and patio. My younger brother and I vacuumed the floors of bedrooms and the living room and then scrubbed them cleanly. I found lost money under the desk while cleaning. It was hard work but I felt good looking at the clean, tidy house.

[11-12]

At first, I was planning to study in Korea for just one year. Now I decided to stay for one more year, since I am really enjoying studying here, so I went to the immigration office to extend my visa. They told me the certificate of enrollment was necessary to extend visa, so I took it. When I got there, only a few people were waiting, so it was done faster than I expected.

[13-14]

Shaoming went to a department store to exchange a pair of shoes she bought a few days ago which are pretty, but a little small for her. She found another pair of shoes which she preferred, so she paid an extra 10,000won to exchange them.

She went to a miscellaneous goods store to buy a present for her younger sister whose birthday is tomorrow. She bought a black bag with many pockets. She smiled, thinking her sister would be happy when she receives the present.

[15-16]

I went to a sports complex with my friends yesterday and watched a baseball match. We were happy since our team won. We had dinner together. On my way home, I dropped by a bookstore to buy a fiction book. After taking a shower and sending an e-mail to a friend, I read the book interestingly.

[17-18]

It was a Korean holiday, Chusuk, last week. I have been to my Korean friend's hometown with him to spend the holiday there. I had a good time talking with the friend's family and learned many Korean customs. As I saw family members gather and spend pleasant time together on Chusuk in Korea, I missed my parents a lot.

[19-20]

Come visit Halla resort in Jeju Island for this vacation. It is more spacious and better than any other resorts and you can enjoy wonderful vacation in great accommodations. Please swim in ocean at a beautiful beach and ride a boat. We offer Karaoke, with a coffee lounge and an amusement hall and Sauna. Also, you will taste delicious dishes of the world made of fresh ingredients from our top class chefs.

[21-22]

My classmate didn't show up to the class today. Calling him, I found out that he was sick. I was worried about him and decided to visit him. He told me he suffered from fatigue and in addition, he had food poisoning. He explained that bad seafood might be the reason. He went to see a doctor and took medicine, but he still looked very ill. He told me that he had difficulties describing his symptoms to the doctor in Korean. I hope he will get better soon.

[23-24]

I like listening to music and cooking. I wanted to join a club in my college. So I searched the internet for clubs and asked my seniors questions. They were all very helpful. I asked my best friend to join together and he said okay. Discussing a lot whether we should join the guitar club or the cooking club, we eventually decided to join the guitar club.

I'd like to sing a lot of songs while playing the guitar. I will get along with the club members well and practice the guitar a lot.

◆ 종합 연습문제 지문

[1회]

[22-23]

I like Korean movies or soap-operas very much. Although the vocabulary is difficult, I watch them often because it is very fun. I also like to watch Korean movies or soap-operas because I get to not only learn Korean language but also know Korean food and culture.

[2회]

[22-23]

There is a library nearby my house, our family goes to the library often because it is spacious and, in addition, the facility is nice. Books can be borrowed for two weeks for free of charge, and if I need more time to look at it, I can extend it for another week. If you return the book late, you have to pay 200won a day for late fee. You can also watch movies for free in the library.

[3회]

[22-23]

Since it's in between seasons these days, there are many people who caught a cold. If you catch a cold, you will get tired because of cough, runny nose and swollen throat.

If you don't want to catch a cold, dress warm and exercise hard on a daily basis. It is also good to drink water often and eat a lot of fruits or vegetables. Make sure to wash your hand cleanly when you come back home from outside.

[4회]

[22-23]

Dear my friend,

How have you been?

It's the rainy season in Seoul these days. It's raining a lot right now. How is the weather over there? It has been over six months since I came to Korea. It was difficult at first, but now I made a lot of Korean friends and I got used to the Korean life.

I went to Pusan with my friends last week. I went to Haeundae to swim, and went to Jagalchi market to eat raw fish(sashimi). It was so much fun. Let's go to Pusan together when you come to Korean next time.

I have an exam next week. So I will be busy starting this week. I will get in touch with you again when the exam is over.

Sarah from Seoul

[5회]

[22-23]

Do you know 120다산콜센터(http://120.seoul.go.kr), an assistant to Seoul life?

Try resolving all kinds of difficulties from living in Seoul. Call 120다산콜센터 whenever you have questions about tourist spots, restaurants, cultural events and transportation of Seoul. You should call them when you want to know the phone numbers to public organizations or want a part time job. You can directly speak to the representative and resolve issues. They have interpretation service in English, Japanese, Chinese, Vietnamese and Mongolian besides Korean.

색인

외국인을 위한
한국어 문법 연습 (초급)

편저자 연세대학교 한국어학당 교재편찬위원회
집필진 조현선·유연숙·이주화·이경하
펴낸곳 연세대학교 출판문화원

주소 서울시 서대문구 연세로 50
전화 02)2123-3380~2
팩스 02)2123-8673
ysup@yonsei.ac.kr
http://www.yonsei.ac.kr/press
등록 1955년 10월 13일 제9-60호
인쇄 동국문화(주)

2012년 3월 15 일 1판 1쇄
2025년 3월 20 일 1판 7쇄

ISBN 978-89-7141-976-2 (03710)

값 25,000원

